이랏차차
이 세상을 움직이는 힘

공도 바퀴도 딱딱할 거야

고무나 용수철에는 원래대로 돌아가려는 힘이 숨어 있어서 모양이 변했다가도 금세 원래대로 돌아와. 그래서 이 힘이 사라지면 세상은 딱딱해지고 재미도 없을 거야.

모두 물속에 가라앉을 거야

물속에는 물체를 밀어 올리는 힘이 있어. 그런데 이 힘이 사라지면 모든 것이 물속에 가라앉을 거야. 심지어 물고기들도 바닥에서 걷거나 기어 다녀야 할걸.

조심하지 않으면 우주로 날아가 버려!

지구에 있는 모든 물체는 지구가 끌어당기기 때문에 우주로 날아가지 않는 거야. 만약 지구가 끌어당기지 않게 된다면 세상은 아주 엉망이 될 거야. 모든 것이 둥둥 떠다니고 공기도 물도 우주로 날아가 버릴 테니까. 달도 더 이상 지구 주위를 돌지 않고 우주로 날아갈 거야.

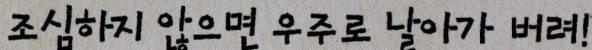

웅진주니어

야무진 과학씨 6 으랏차차 세상을 움직이는 힘

초판 1쇄 발행 2011년 2월 18일 | **초판 27쇄 발행** 2024년 2월 27일

글 정창훈 | **그림** 오승만 | **기획** 아우라

발행인 이봉주 | **도서개발실장** 안경숙 | **편집인** 이화정 | **편집주간** 한재준 | **편집** 아우라(김수현 이혜영 조승현 이민화)
디자인 퍼블릭디자인섬 | **마케팅** 정지운, 박현아, 원숙영, 김지운, 황지영 | **제작** 신홍섭

펴낸곳 (주)웅진씽크빅 | **주소** 경기도 파주시 회동길 20 (우)10881
문의전화 (031)956-7403(편집), (031)956-7569, 7570(마케팅) | **홈페이지** www.wjjunior.co.kr
블로그 blog.naver.com/wj_junior | **페이스북** facebook.com/wjbook | **트위터** @new_wjjr
인스타그램 @woongjin_junior | **출판신고** 1980년 3월 29일 제406-2007-00046호 | **제조국** 대한민국
ISBN 978-89-01-11716-4 74400 / 978-89-01-10292-4(세트)
글 ⓒ 정창훈 2011(저작권자와 맺은 특약에 따라 검인을 생략합니다.)

웅진주니어는 (주)웅진씽크빅의 유아·아동·청소년 도서 브랜드입니다.
이 책은 저작권법에 따라 보호 받는 저작물이므로 무단전재와 무단복제를 금지하며,
이 책 내용의 전부 또는 일부를 이용하려면 반드시 저작권자와 ㈜웅진씽크빅의 서면 동의를 받아야 합니다.

잘못 만들어진 책은 바꾸어 드립니다.
※주의 1_책 모서리가 날카로워 다칠 수 있으니 사람을 향해 던지거나 떨어뜨리지 마십시오.
  2_보관 시 직사광선이나 습기 찬 곳은 피해 주십시오.
웅진주니어는 환경을 위해 콩기름 잉크를 사용합니다.

으랏차차 세상을 움직이는 힘

글 정창훈 그림 오승만

웅진주니어

야무진 과학씨, 중력으로 변신!

안녕? 내 이름은 그래비! 중력을 뜻하는 영어 그래비티(Gravity)에서 따온 이름이야.

그런데 중력이 뭐냐고? 중력은 자연적으로 존재하는 힘 가운데 하나야. 우주에서는 수많은 일이 일어나고 있어. 그 모든 일 뒤에는 나를 비롯해 여러 가지 힘이 숨어 있지. 지금부터 그 힘들을 하나씩 만나 볼 거야.

먼저 놀이터로 가 볼까? 웬 놀이터냐고? 하하하. 놀이터야말로 힘이 넘치는 곳이거든. 거기에서 내 동생과 다른 힘 친구들을 만나 보자고! 그럼, 출발할까?

차례

자연 현상을 만드는 기본 힘

16_ 모든 물체 사이에서 끌어당기는 힘, 중력

22_ 질량이 클수록 커지는 중력

27_ 멀어질수록 맥을 못 추는 중력

32_ 까다롭고 짓궂은 힘, 전기력

39_ 결벽증이 심한 힘, 자기력

주위에서 자주 만나는 힘

50_ 심술궂지만 고마운 힘, 마찰력

62_ 자존심 강한 힘, 탄성력

68_ 콧대 높은 힘, 부력

세상을 움직이는 규칙, 힘과 운동의 법칙

78_ 힘을 주면?

82_ 힘을 구별하는 세 가지 요소

86_ 운동 제1법칙, 관성의 법칙

92_ 운동 제2법칙, 가속도의 법칙

101_ 운동 제3법칙, 작용·반작용의 법칙

106_ 마치며

108_ 야무진 백과

110_ 작가의 말

자연 현상을 만드는 기본 힘

돌을 움직이려면 돌에 힘을 주어야 해. 또 돌에 힘을 주려면 손이나 발을 대야 하지. 돌을 손으로 들어 올리거나 발로 차는 것처럼 말이야. 그런데 서로 닿지 않고도 작용하는 힘이 있어. 중력, 전기력, 자기력, 핵력이 바로 그런 힘이야. 모두 자연 현상을 만드는 기본 힘이지.

모든 물체 사이에서 끌어당기는 힘, 중력

놀이터에는 철봉, 시소, 그네처럼 재미있는 놀이 기구들이 많아. 아이들은 놀이 기구 타는 것을 좋아해. 물론 나도 놀이 기구를 좋아하지. 그런데 사람들은 내가 놀이터에서 아이들과 함께 신 나게 놀고 있다는 사실을 몰라. 너도 잘 모르겠다고? 좋아, 내가 알기 쉽게 설명해 줄게. 먼저 철봉에 한번 매달려 볼래?

하나, 둘, 셋, 넷…… 아홉, 여어얼.

에고, 열도 안 돼 떨어졌네! 하하하, 괜찮아. 네가 철봉에 얼마나 오래 매달리느냐가 중요한 건 아니거든. 그런데 철봉에 매달리는 동안 느낌이 어땠니? 무언가가 너를 아래쪽으로 끌어당기는 것 같지 않았어? 그랬다고? 바로 나, 그래비가 끌어당긴 거야.

나, 중력은 물체와 물체가 서로 끌어당기게 만드는 힘이야. 모든 물체 사이에서 작용하지. 그래서 나를 만유인력이라고도 불러. 만유인력이란 모든 물체 사이에 작용하는 끌어당기는 힘이란 뜻이야.

사과와 지구 사이, 지구와 태양 사이…… 세상에 내가 작용하지 않는 물체는 없어. 눈에 보이지 않을 정도로 작은 공기 알갱이들 사이에도 내가 작용하지. 물론 너와 지구 사이에도 내가 작용해. 너는 지구

나에게도 중력이 작용해!

를, 지구는 너를 끌어당기게 하지. 그런데 지구는 너에 비해 엄청 무겁기 때문에 네가 지구 쪽으로 끌려오게 돼. 그래서 네가 철봉에서 떨어진 거야. 후훗~.

모든 물체 사이에는 서로 끌어당기는 힘이 있는데, 이 힘이 바로 중력이야. 중력은 만유인력이라고도 불러.

어찌 보면 너랑 지구랑 철봉에서 힘겨루기를 한 셈이야. 물론 네가 떨어졌으니까 지구가 이긴 거지. 네가 그네를 타거나 시소를 탈 때도 지구는 널 끌어당기고 있어. 물체가 땅으로 떨어지는 것도 지구가 끌어당기기 때문이야. 즉 나, 중력이 있기 때문에 이런 일들이 생기는 거지. 그렇다면 사람들은 내 정체를 어떻게 알았을까?

기원전 4세기, 고대 그리스의 철학자 아리스토텔레스는 지구가 우주의 중심이라고 믿었어. 그리고 모든 물체는 우주의 중심으로 움직이려는 성질이 있어서 땅으로 떨어진다고 주장했지.

그런데 16세기경, 이탈리아의 과학자 갈릴레이는 아리스토텔레스의 생각이 잘못됐다는 것을 증명했어.
갈릴레이는 지구가 우주의 중심이 아니고, 물체가 땅으로 떨어지는 것은 지구가 끌어당기기 때문이라고 주장했어.

1687년, 마침내 영국의 과학자 뉴턴은 중력을 밝혀냈어. 뉴턴은 모든 물체 사이에는 중력이 작용하고, 중력의 크기는 물체의 질량이나 거리와 관계가 있다고 주장했어.

오랜 연구 끝에 뉴턴은 마침내 중력의 법칙을 발견했고, 그 결과를 《프린키피아》라는 책에 발표했어.

질량이 클수록 커지는 중력

쉿, 들어 봐!

뉴턴이 밝혀낸 중력의 법칙에는 내 비밀이 담겨 있어. 중력의 법칙을 잘 이해하면 내가 어디에 있고, 어떨 때 커지는지 알 수 있거든. 이제 내 비밀을 하나 하나 들려줄게.

[중력의 법칙]

첫째, 질량을 가진 물체 사이에는 중력이 작용한다.
둘째, 두 물체 사이에 작용하는 중력의 크기는 두 물체의 질량의 곱에 비례하고, 거리의 제곱에 반비례한다.

첫째 법칙은 내가 질량 때문에 생기는 힘이라는 걸 뜻해. 모든 물체는 질량을 가지고 있어서 서로 끌어당기고 있어. 그래서 아까 말했듯이 난 세상의 모든 물체 사이에 작용하는 거야. 여기서 질량은 물체가 가지고 있는 고유한 양으로, 물체의 질량은 변하지 않아.

둘째 법칙은 어려운 것 같아도 알고 보면 간단해. 난 물체의 질량이 클수록 커지지만, 거리가 멀어질수록 급격히 작아져. 실제로 질량이 서로 다른 돌을 가지고 중력의 크기를 한번 비교해 보자고. 물론 땅 위에 있는 돌과 지구 사이에는 나, 중력이 작용해. 그래서 네가 돌을 들어 올리려면 나보다 큰 힘이 필요해.

먼저 주먹만 한 돌을 들어 볼래? 어때, 쉽게 들리지? 이 돌은 질량이 작기 때문에 이 돌과 지구 사이에서는 내가 아주 작아. 그래서 네가 조금만 힘을 써도 나를 이기고 가뿐히 돌을 들 수 있는 거야. 이번 힘겨루기에선 네가 이겼어. 그렇다고 너무 으스대지 마!

이번에는 저기 보이는 아주 큰 돌을 들어 봐. 후훗! 돌이 꼼짝 않지? 이번 돌은 질량이 꽤 크기 때문에 이 돌과 지구 사이에서는 내가 아까보다 훨씬 커. 그래서 네 힘이 나를 이기지 못하기 때문에 돌이 꼼짝하지 않는 거야.

이렇게 질량이 작은 물체와 지구 사이의 중력은 작고, 질량이 큰 물체와 지구 사이의 중력은 커. 어때, 물체의 질량에 따라 내 크기가 달라지는 걸 직접 몸으로 느껴 보니까 훨씬 이해하기 쉽지?

물체의 질량이 클수록 중력의 크기는 커져.

그런데 모든 물체 사이에 나, 그러니까 중력이 있다면 자석처럼 찰싹 달라붙어야 하는 게 아니냐고? 만일 네가 책상 위에 있는 연필 가까이 손을 뻗으면 손 쪽으로 연필이 끌려오니? 물론 아니야. 왜 손과 연필은 서로 끌어당기지 않을까? 혹시 중력이 없는 게 아니냐고?

분명히 나, 중력은 있어. 다시 말해 너는 연필을 끌어당기고, 연필은 너를 끌어당기고 있지. 다만 너와 연필 모두 질량이 작기 때문에 서로 끌어당기는 힘이 아주 작아. 그래서 내가 작용하고 있지만, 나를 느낄 수 없는 거야.

하지만 질량만 크다면 나를 느낄 수 있어. 네 주위에서 질량이 큰 물체는 바로 지구야. 지구처럼 질량이 큰 물체는 중력이 크기 때문에 물체를 세게 끌어당겨. 그래서 지구 위에 있는 모든 물체가 지구 표면에 붙어 있는 거야. 이때 물체도 지구를 끌어당기고 있어. 그러나

지구가 물체보다 훨씬 무겁기 때문에 물체는 지구를 거의 끌어당기지 못해. 그러니까 앞으로 지구에서 중력을 말할 때는 지구가 끌어당기는 힘만 생각해도 돼!

물체가 땅으로 떨어지는 것, 달이 지구 주위를 도는 것도 지구가 끌어당기고 있기 때문이야. 그런데 태양은 지구보다 훨씬 무거워. 그래서 태양이 지구를 끌어당겨서 지구가 태양 주위를 도는 거란다.

물체의 질량이 클수록 내가 커진다는 건 이제 알았지? 그럼 둘째 법칙에서 두 물체 사이의 거리가 달라질 때 내가 어떻게 되는지 생각해 보자고.

멀어질수록 맥을 못 추는 중력

아까 네가 철봉에 매달렸을 때를 떠올려 봐. 너와 지구 사이의 거리는 얼마나 될까? 발끝에서 땅까지 50센티미터쯤이라고? 글쎄…….

내 크기를 정할 때는 두 물체의 무게 중심 사이의 거리를 기준으로 해. 무게 중심은 질량의 중심을 뜻해. 이를테면 네가 똑바로 서 있을 때 네 무게 중심은 배꼽 아래 2센티미터쯤이면서 배와 등 중간 부분에 있어.

따라서 네가 서 있을 때 너와 지구 사이의 거리는 네 배꼽 아래 2센티미터쯤부터 지구 중심까지의 거리야. 그런데 커다란 지구에 비하면 넌 너무 작기 때문에, 너와 지구 사이의 거리는 그냥 지구 반지름이라고 생각하면 돼.

잠깐! 재미있는 상상을 하나 해 볼까? 철봉의 기둥을 아주 높게 만드는 거야. 구름을 뚫고 지구 반지름만큼 높이 말이야. 그럼 너와 지구 사이의 거리는 철봉을 높이기 전보다 2배 늘어나. 이때 내 크기는 어떻게 될까?

중력의 법칙에 따르면, 중력의 크기는 거리의 제곱에 반비례해.

제곱이란 같은 수를 두 번 곱한다는 뜻이고, 반비례한다는 건 그만큼 줄어든다는 뜻이지. 거리가 2배 늘어나면 중력의 크기는 2의 제곱은 2×2=4니까 4배 줄어들어. 다시 말해 거리가 2배 늘면 내가 4배로 작아져.

다시 철봉을 높여서, 너와 지구 사이의 거리가 지구 반지름의 3배가 되면 3×3=9니까 난 9배로 작아지고, 너와 지구 사이의 거리가 지구 반지름의 4배가 되면 4×4=16이니까 난 16배나 작아져.

이렇게 거리가 멀어질수록 난 급격하게 작아져. 그리고 이렇게 높은 철봉에서는 너도 아주 오랫동안 매달릴 수 있을 거야. 지구가 끌어당기는 힘이 아주 작으니까 말이야.

물체 사이의 거리가 멀어질수록 중력은 급격히 작아져.

[거리와 중력의 크기]

거리가 1배일 때
너와 지구 사이의 거리가 지구 반지름과 같을 때, 중력의 크기를 36이라고 하기로 해.

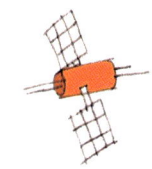

실제로 지구에서 멀리 떨어진 우주 공간은 지구의 중력이 거의 작용하지 않아. 그래서 모든 물체가 지구로 떨어지지 않고 둥둥 떠다니지. 이런 상태를 무중력 상태라고 해.

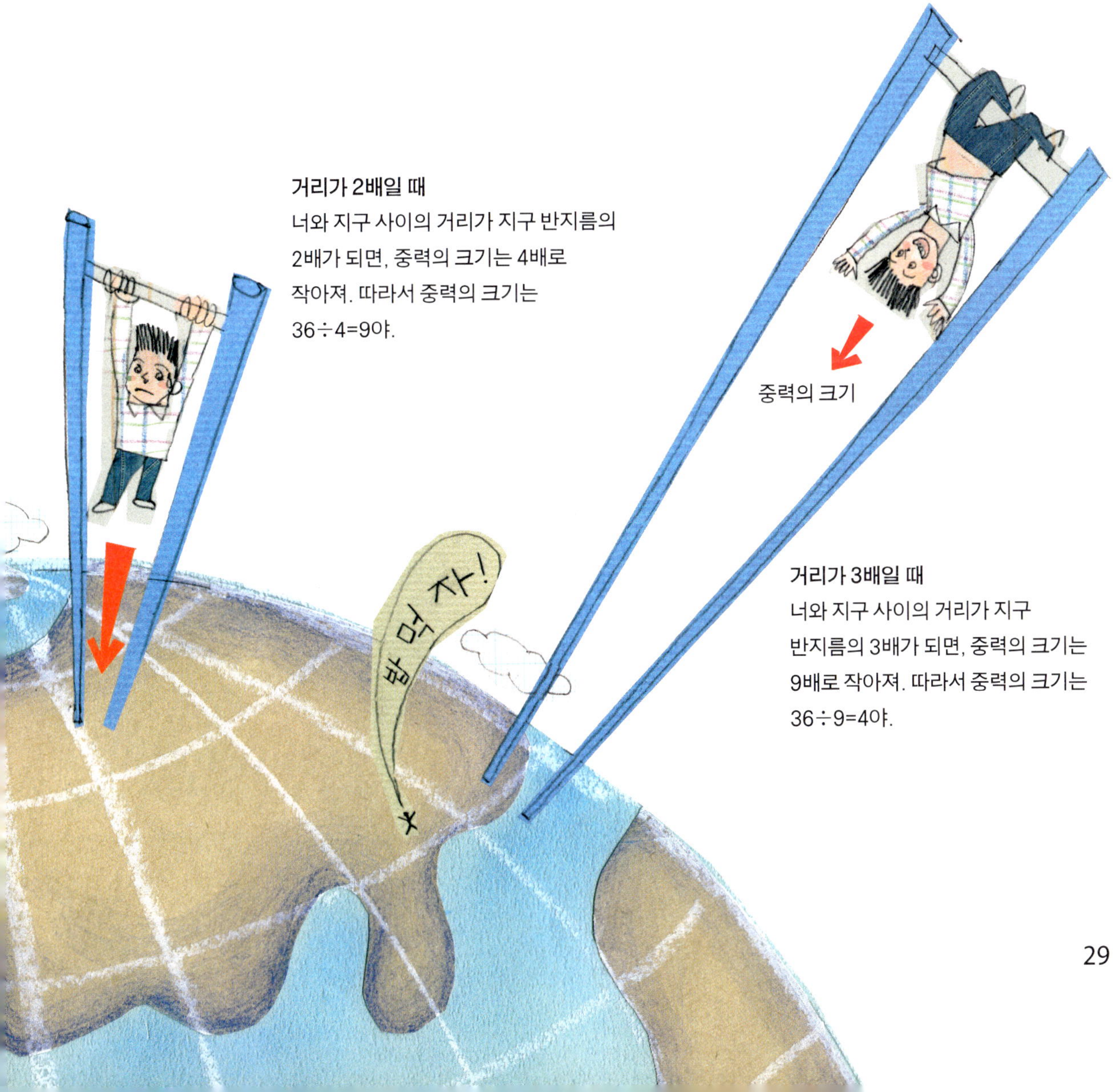

거리가 2배일 때
너와 지구 사이의 거리가 지구 반지름의 2배가 되면, 중력의 크기는 4배로 작아져. 따라서 중력의 크기는 36÷4=9야.

중력의 크기

거리가 3배일 때
너와 지구 사이의 거리가 지구 반지름의 3배가 되면, 중력의 크기는 9배로 작아져. 따라서 중력의 크기는 36÷9=4야.

어찌 보면 내 크기를 정할 때는 거리가 질량보다 중요해. 이를테면 태양은 지구나 달에 비해 엄청 무거워. 그래서 질량만 생각한다면, 달은 태양 쪽으로 끌려가서 태양 주위를 돌아야 해.

하지만 너도 알다시피 달은 지구 주위를 돌고 있어. 그건 지구와 달 사이는 가깝고, 태양과 달 사이는 아주 멀기 때문이야. 지구가 달을 끌어당기는 힘이 태양이 달을 끌어당기는 힘보다 커서 달은 태양 주위를 돌지 않고 지구 주위를 도는 거야.

이제 내가 어떤 힘이고 어떤 성질이 있는지 알았니? 나를 알면 지구를 비롯해 우주에서 일어나는 많은 현상들을 이해할 수 있어. 사과가 땅으로 떨어지고 비가 땅으로 내리는 것처럼 물체가 땅으로 떨어지는 것, 달이 지구 주위를 도는 것, 또 지구가 태양 주위를 도는 것도 모두 내 덕분이잖아.

    뿐만 아니라 지구나 달, 태양이 둥근 것도 나 때문이야. 지구를 이루는 물질들이 서로 끌어당기고 있기 때문에 공 모양이 된 거지. 달이나 태양도 마찬가지야. 또 지구 표면에 공기를 붙들어 둔 것도 나야. 이것 말고도 내가 하는 일은 많지만, 이 정도만 해도 내가 얼마나 대단하고 중요한지 알았을 거야. 그렇지? 후훗~!

까다롭고 짓궂은 힘, 전기력

힘 가운데는 나만큼 중요한 힘들이 또 있어. 바로 내 형제들이지. 전기력, 자기력이라는 쌍둥이 동생과 핵력이라는 막내 동생이 그들이야. 이제 차례대로 내 동생들을 소개할게.

내 동생 전기력도 나처럼 항상 네 주위에 있어. 네가 잘 느끼지 못할 뿐이지. 무슨 말인지 모르겠다고? 기다려 봐. 곧 전기력이 네 눈앞에 나타날 거야.

저기 미끄럼틀 좀 봐. 미끄럼틀이 플라스틱 원통으로 되어 있지? 마침 여자아이가 미끄럼을 타고 내려오고 있네. 좋았어!

후훗. 저 여자아이 머리카락 좀 봐. 참 웃긴다! 머리카락이 모두 쭈뼛하게 섰어. 머리카락이 바람에 흩날린 거라고? 그게 아니야. 내 동생 전기력이 장난을 친 거야!

전기력은 전기 알갱이 사이에서 작용하는 힘이야. 모든 물질 속에는 양전기와 음전기를 띤 작은 전기 알갱이들이 가득해. 내 동생 전기력은 바로 이 전기 알갱이 사이에서 작용해.

그런데 내 동생은 좀 까다로워. 난 성격이 좋아서 이것저것 묻지도 따지지도 않고 물체를 끌어당기기만 하잖아? 하지만 내 동생은 나와 달리 어떨 땐 끌어당기고 어떨 땐 밀어내거든. 그래도 다행인 건 내 동생이 제멋대로 행동하지 않는다는 거야. 내가 중력의 법칙을 따르듯 전기력도 자신만의 규칙이 있어.

다른 전기끼리는 서로 끌어당겨.

같은 전기끼리는 서로 밀어내.

전기력은 다른 전기 알갱이 사이에서는 끌어당기고, 같은 전기 알갱이 사이에서는 밀어내.

방금 모든 물질 속에는 전기 알갱이들이 가득하다고 했지? 전기 알갱이는 네 몸과 미끄럼틀은 물론 흙과 물과 공기 속에도 있어. 그러니까 전기력은 너와 내가 이야기하고 있는 지금 이 순간에도 물질 속에서 낑낑대며 일하고 있어. 다른 전기 알갱이 사이에서는 끌어당기느라 낑낑대고, 같은 전기 알갱이 사이에서는 밀어내느라 낑낑대고 있지. 이처럼 모든 물질 속에서 전기력이 작용한다면 사람들이 늘 전기력을 느낄 수 있어야 하잖아? 하지만 그렇지 않아. 왜 그럴까?

일반적으로 물질 속에는 **양전기**와 **음전기**를 띤 전기 알갱이가 같은 개수로 들어 있어. 그래서 전체적으로 끌어당기는 힘과 밀어내는 힘이 균형을 이루므로 전기력이 작용하지 않는 것처럼 보여. 이 때문에 전기력을 느낄 수 없는 거야. 그런데 힘의 균형이 깨질 때가 있어. 특히 물질을 서로 마찰시킬 때 힘의 균형이 잘 깨지지.

아까처럼 여자아이가 미끄럼을 탈 때도 마찬가지야. 미끄럼을 타는 동안 여자아이의 옷은 플라스틱 원통과 심하게 마찰하게 돼. 이때 옷에서 음전기를 띤 전기 알갱이가 플라스틱 원통 쪽으로 일부 빠져나가. 여자아이의 몸과 머리카락에서도 마찬가지야. 결국 머리카락에는 양전기를 띤 전기 알갱이가 많아져.

잘 생각해 봐. 머리카락 한 가닥 한 가닥에 양전기를 띤 전기 알갱이가 더 많으면 어떤 일이 일어나겠어? 같은 전기 알갱이 사이에는 서로 밀어내는 전기력이 작용한다고 했잖아. 결국 머리카락에 있는 양전기를 띤 전기 알갱이끼리 서로 밀어내기 때문에 여자아이의 머리카락이 쭈뼛 서게 되는 거야. 내 동생의 장난이 통한 셈이지.

세상의 모든 물질은 분자라는 작은 알갱이로 이루어져 있고, 또 분자는 원자라는 더 작은 알갱이로 이루어져 있어. 전기 알갱이는 원자를 이루는 더 작은 알갱이지. 물질은 원자가 모이고, 다시 분자가 모여 이루어져.

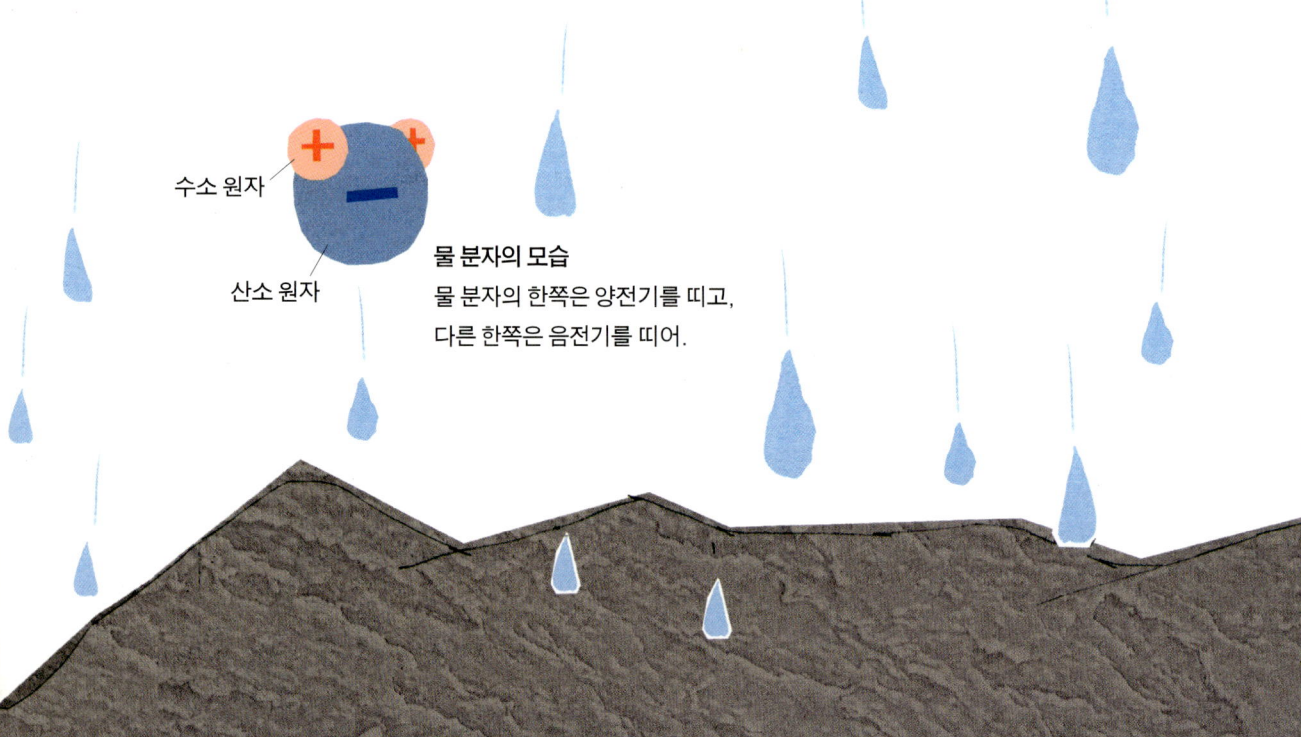

수소 원자

산소 원자

물 분자의 모습
물 분자의 한쪽은 양전기를 띠고, 다른 한쪽은 음전기를 띠어.

그런데 이렇게 작은 분자와 원자도 질량이 있기 때문에 나, 중력이 작용해. 하지만 그 질량이 너무 작아서 난 거의 힘을 쓰지 못해. 그러니까 날 무시해도 돼.

그럼 원자나 분자를 단단하게 묶어 주는 게 누굴까? 맞아, 바로 전기력이야. 내 동생 전기력은 나보다 훨씬 세. 전기력은 분자나 원자를 꽁꽁 묶어서 물질을 만들지. 아마 전기력이 없다면 너를 비롯해 세상의 물질은 모두 사라져 버릴걸. 내 동생이 보이지 않는 곳에서 얼마나 중요한 일을 하고 있는지 이제 알겠지?

결벽증이 심한 힘, 자기력

이번에는 자기력을 소개해 줄게. 자기력은 전기력과 쌍둥이라서 닮은 점이 많아. 그래서 전기력과 자기력을 함께 전자기력이라고 부르기도 해.

전기력이 전기 알갱이 사이에서 작용한다면 **자기력**은 자기 알갱이 사이에서 작용해. 자기 알갱이는 아주아주 작은 자석이라고 생각하면 돼. 그래서 사람들은 흔히 자기 알갱이를 자석 알갱이라고 불러.

자기 알갱이에는 N극과 S극이라는 두 개의 극이 있어. 양전기와 음전기를 띤 전기 알갱이들은 서로 떨어져 돌아다니지만, 자기 알갱이의 N극과 S극은 절대로 떨어지지 않아. 늘 한 몸으로 움직이지. 아주 작은 자기 알갱이 하나에도 N극과 S극이 모두 있는 거야. 내 동생 자기력은 이런 자기 알갱이 사이에서 끌어당기거나 밀어내.

자기력은 다른 극 사이에서는 끌어당기고, 같은 극 사이에서는 밀어내.

같은 극 사이에서는 밀어내.   다른 극 사이에서는 끌어당겨.

내 동생 자기력을 만나려면 자석을 눈여겨보렴. 자석에는 자기 알갱이가 듬뿍 들어 있고, 내 동생 자기력도 숨어 있거든. 자석이 철로 된 물체를 끌어당기는 것도 자기력이 끌어당기기 때문이지.

자석을 철봉에 가까이 대 봐. 어때, 철커덕 달라붙지? 이번엔 못을 철봉에 가까이 대 봐. 못은 철봉에 달라붙지 않아. 그렇지? 못은 철로 만들어졌고, 철로 된 물체에는 자석처럼 자기 알갱이가 듬뿍 들어 있어. 그렇다면 못은 왜 자석이 아닐까?

그건 자석과 못에 들어 있는 자기 알갱이의 배열 상태가 다르기 때문이야. 내 동생 자기력은 결벽증이 심해서 자기 알갱이들이 똑바로 한 방향으로 늘어서야 작용해.

마치 가지런한 머리카락이 헝클어진 머리카락보다 빗질이 잘 되는 것과 같아. 헝클어진 머리카락은 자기 알갱이들이 흐트러져 있는 것이고, 가지런한 머리카락은 자기 알갱이들이 한 방향으로 늘어서 있는 것이지. 그러니까 자기 알갱이들이 한 방향으로 늘어서야 자기력이 작용하는 거야.

실제로 자석과 못 속에서 자기 알갱이들이 어떻게 배열되어 있는지 이야기해 줄게. 자석 속에는 자기 알갱이들이 가지런히 늘어서 있어. 자기력이 다른 극끼리 끌어당겨서 N극과 S극, N극과 S극, N극과 S극……. 이런 식으로 꼬리에 꼬리를 문 것처럼 늘어서 있지. 그래서 자석 전체도 한쪽은 N극, 다른 한쪽은 S극이 되는 거야. 하지만 못 속에는 자기 알갱이들이 마구 흐트러져 있어. 그러면 자기력이 작용하지 않기 때문에 못은 자석이 되지 못해.

자기 알갱이들이 한 방향으로 가지런히 늘어서 있어.

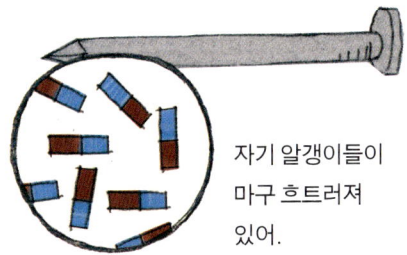

자기 알갱이들이 마구 흐트러져 있어.

그렇다면 못은 자석이 아닌데 왜 자석에 달라붙을까? 한마디로 말하면, 자기력 때문에 못이 잠시 자석처럼 되는 거야.

자석의 N극을 못 가까이 대 봐. 자기력 때문에 못 속의 자기 알갱이들의 N극은 밀려나고 S극은 끌려오게 돼. 결국 못 속의 자기 알갱이들은 모두 자석 쪽으로 S극이 향한 채 가지런히 늘어서. S극과 N극, S극과 N극, S극과 N극……. 이런 식으로 꼬리를 물면서 말이야. 다시 말해 못은 자석 쪽이 S극, 그 반대쪽이 N극인 자석이 되는 거지. 그래서 못의 S극과 자석의 N극 사이에서 자기력이 작용해 못이 자석에 달라붙는 거야.

이때 못은 자석이 가까이 있을 때에만 잠시 자석이 돼. 자석을 떼면 바로 자기 알갱이들이 흐트러져서 자석의 성질을 잃고 그냥 보통 못으로 되돌아가는 거야. 철로 된 물체가 자석에 잘 달라붙는 것도 이와 같은 이유 때문이지.

혹시 못을 아예 자석으로 만들 수는 없냐고? 못 속의 자기 알갱이들을 가지런히 늘어서게 하면 못도 자석이 될 수 있는 거 아니냐고? 우아, 정말 똑똑한데! 좋아. 그럼 함께 못 자석을 만들어 보자고.

 ## 못 자석 만들기

준비할 것이야.

막대자석 1개, 못 1개, 클립 여러 개

이렇게 해 봐.

1. 못의 머리 부분을 손으로 꼭 눌러서 못이 움직이지 않게 해.
2. 막대자석으로 못을 여러 번 문질러. 반드시 같은 방향으로 문질러야 해.
3. 못을 클립 가까이 대 봐.

이렇게 될 거야.

막대자석으로 충분히 문지르면 못에 클립이 줄줄이 달라붙어.

왜 이런 일이 일어날까?

막대자석으로 못을 문지르면 자기 알갱이들이 가지런히 늘어서기 때문에 못이 자석의 성질을 갖게 돼. 못 자석이 되는 거지. 그래서 못 자석에 클립이 붙는 거야. 이때 같은 방향으로 많이 문지를수록 자기 알갱이들이 같은 방향으로 더욱 잘 늘어서. 마치 빗으로 머리를 빗을 때처럼 말이야.

자석의 N(S)극으로 문지르면 못의 끝 부분은 S(N)극이 돼.

그리고 자석으로 문지르면 자석을 그냥 가까이 대는 것보다 자기 알갱이들이 더욱 가지런히 늘어서기 때문에 아예 자석이 돼. 물론 못 자석은 막대자석보다 힘이 약해. 못 속의 자기 알갱이들은 막대자석 속의 자기 알갱이들만큼 가지런히 늘어서지는 않기 때문이야.

그런데 못 자석을 다시 평범한 못으로 만들려면 어떻게 해야 할까? 자석 속의 자기 알갱이들을 원래대로 마구 흐트러뜨리면 돼. 못 자석을 망치로 한번 두드려 봐. 못 자석이 충격을 받으면 가지런히 늘어서 있던 자기 알갱이들이 다시 흐트러져. 결국 못 자석이 평범한 못이 되는 거야.

막대자석도 마찬가지야. 자석을 망치로 충분히 두드리면 자석의 성질을 잃게 돼. 자석을 불로 달구어도 자석의 성질을 없앨 수 있어. 뜨거운 열이 자기 알갱이를 사정없이 흐트러뜨리거든. 후훗!

내 동생 자기력은 자석이 쓰이는 곳이라면 어디에서나 작용해. 자석은 냉장고의 메모지 위, 아이들의 장난감 속, 나침반의 바늘에도 있어. 뿐만 아니라 선풍기나 믹서처럼 빙글빙글 도는 전기 제품 속에도 자석이 들어 있지. 이렇게 자기력도 전기력 못지않게 네 주위에서

열심히 일하고 있단다.

후유, 내 쌍둥이 동생들 이야기가 좀 길었지? 물리학자들은 세상에서 일어나는 모든 일이 나와 전기력, 자기력, 핵력 때문이라는 사실을 밝혀냈어. 참, 막내 동생 핵력 이야기는 안 했지? 간단히 말하면, **핵력은 원자핵을 만드는 힘이야.** 핵력이 들으면 서운하겠지만 좀 어려운 동생이니까 이름만 기억하기로 해.

우리 형제를 자연에 존재하는 기본 힘, 또는 자연 현상을 만드는 기본 힘이라고 해.

지구와 달 사이에 나, 그러니까 중력이 있듯이 우리는 모두 서로 닿지 않고도 작용해. 우리 덕분에 네가 땅에 발을 붙이고 걸을 수 있고, 달이 지구 주위를 도는 거야. 또 지금처럼 세상에 물질이 존재할 수 있는 거지.

그런데 우리 말고 힘들이 또 있어. 네가 몸으로 부대끼며 자주 만나는 힘들이지. 사실 이 친구들은 우리 형제가 변해서 생긴 거야. 기본 힘들이 새롭게 변신한 거랄까? 후훗!

자, 이 친구들을 만나러 다시 출발!

주위에서 자주 만나는 힘

네 주변을 둘러봐. 물체들이 참 많지? 대부분의 물체들은 제자리를
지키고 있어. 아주 평화로운 것처럼 보이지. 하지만 거기에도
여러 가지 힘이 숨어 있어. 힘들은 서로 낑낑대며 힘겨루기를 하고 있지.
자, 그럼 어디에 어떤 힘이 숨어 있는지 함께 찾아볼까?

심술궂지만 고마운 힘, 마찰력

일상생활을 하면서 네가 자주 만나는 힘 중의 하나는 마찰력이야. 평소에는 잠자고 있다가 네가 힘을 쓰기 시작하면 갑자기 깨어나 꼭 그 반대로 작용한단다. 참 심술궂지? 그래도 한편으로는 고마운 친구란다.

한마디로 **마찰력**은 물체가 운동하는 것을 방해하는 힘이야. 항상 물체가 움직이는 방향과 반대로 나타나지. 네가 책상이나 소파 같은 물건을 밀 때 잘 밀리지 않거나 미닫이창이 잘 열리고 닫히지 않는 것도 이 친구 때문이야. 이 친구는 데굴데굴 굴러가는 공도 멈추게 만들고 빙글빙글 돌아가는 팽이도 멈추게 만들어.

마찰력은 물체의 운동을 방해하는 힘이고, 물체의 운동 방향과 반대로 작용해.

겉으로 보기에 매끈매끈한 물체도 확대해 보면 표면이 울퉁불퉁해. 그래서 두 물체가 맞닿으면 울퉁불퉁한 표면이 서로 긁히기 때문에 움직임을 방해하는 마찰력이 생기는 거야.

너, 아까 돌을 두고 나와 힘겨루기를 했던 거 기억나니? 이번에는 마찰력과 한번 힘겨루기를 해보자고.

다음 쪽에 있는 그림 (가)처럼 땅바닥에 소파가 놓여 있어. 이때 무슨 힘이 작용하고 있는지 한번 말해 볼래? 설마 벌써 나를 잊은 건 아니지? 모든 물체 사이에는 내가 있잖아. 그러니까 소파에는 아래쪽으로 끌어당기는 힘, 중력이 작용하고 있어.

무게와 질량은 다르다?

많은 사람들이 무게와 질량을 같은 뜻으로 쓰지만, 사실은 서로 달라. 무게는 물체에 작용하는 중력의 크기야. 흔히 사람들은 무게를 말할 때 그램이나 킬로그램이라는 단위를 쓰지만, 이것은 질량의 단위야. 무게의 단위는 질량의 단위에 '힘'을 붙여. 예를 들어 네 몸무게가 36킬로그램일 때, 정확히 말하려면 36킬로그램힘이라고 해야 하는 거야.

반면에 질량은 물체가 가지고 있는 고유의 양이야. 그래서 네 몸의 질량은 어느 곳에서나 같아. 지구에서나 달에서나 목성에서나 모두 같지. 하지만 네 몸무게는 장소에 따라 달라져. 지구나 달이나 목성 따위가 너를 끌어당기는 힘이 다르기 때문이지.

달에서 네 몸의 질량과 무게를 잰다고 생각해 봐. 달에서도 네 몸의 질량은 변하지 않아. 하지만 달과 네 몸 사이에 작용하는 중력의 크기는 지구와 네 몸 사이에 작용하는 중력의 크기보다 작아. 달의 중력은 지구의 중력보다 무려 6배나 작대. 그러니까 달에서는 네 몸무게가 36 ÷ 6 = 6이니까, 6킬로그램힘이 되는 거야.

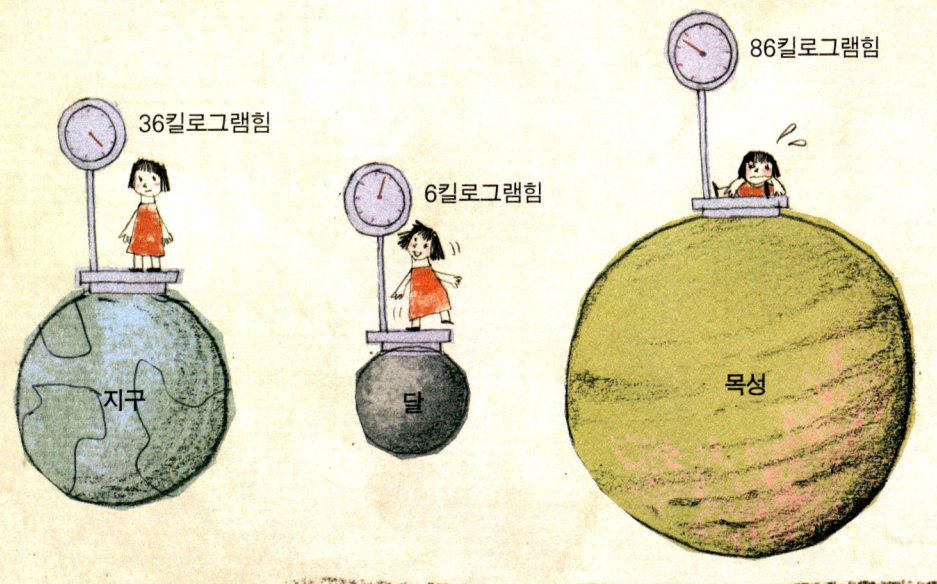

사실 사람들이 말하는 무게는 물체에 작용하는 중력의 크기야. 즉, 소파에 작용하는 중력의 크기가 바로 소파의 무게라는 거지.

그런데 나 말고 소파에 작용하는 힘이 또 있어. 소파의 위쪽으로 작용하는 힘, 수직 항력이야. 이름이 좀 낯설지? 수직 항력이란 바닥에서 수직으로 물체를 떠받치는 힘이야. 만일 수직 항력이 없다면 소파는 아래쪽으로 내려앉을 거야. 실제로는 중력(무게)과 수직 항력은 크기가 같기 때문에 소파는 위나 아래로 움직이지 않아.

그리고 네가 소파에 아무 힘도 주지 않기 때문에 방해할 운동이 없어서 마찰력도 작용하지 않아. 따라서 소파는 앞이나 뒤로도 움직

(가) 소파에 힘을 주지 않으면 마찰력은 작용하지 않아.

이지 않는 거야.

　이제 그림 (나)처럼 소파를 살짝 밀어 봐. 소파가 오른쪽으로 움직일 거라고? 땡, 틀렸어. 마찰력은 쿨쿨 잠을 자고 있다가 네가 힘을 주는 순간 깨어나 심술을 부리기 시작해. 마찰력은 네가 준 힘과 크기는 같고 방향은 반대로 작용해. 마치 마찰력이 반대 방향에서 소파를 미는 것과 같지. 그래서 소파는 움직이지 않아.

　그림 (다)처럼 소파를 조금 세게 밀어 봐. 그래도 소파는 움직이지 않을걸. 네가 힘을 줄수록 마찰력도 같이 커지기 때문이야. 이렇게 물

(나) 소파를 밀면, 미는 힘과 같은 크기로 마찰력이 커지기 시작해.

(다) 소파를 미는 힘이 커질수록 마찰력도 계속 커져.

체가 움직이지 않는 동안 작용하는 마찰력을 정지 마찰력이라고 해.

후훗. 정말 심술궂지? 힘을 계속 주어도 마찰력이 계속 커지니까 마찰력을 이기기는 틀렸다고? 그렇지 않아. 내가 응원해 줄 테니 조금만 더 힘을 내 봐. 그 친구도 한계가 있거든.

정지 마찰력이 가장 클 때를 **최대 정지 마찰력**이라고 해. 최대 정지 마찰력은 물체가 움직이지 않게 버티는 가장 큰 힘이야. 네가 그림 (라)처럼 최대 정지 마찰력보다 큰 힘을 주면 드디어 소파가 움직여. 자, 봐! 네가 힘을 주는 방향으로 소파가 움직이기 시작하잖아!

(라) 최대 정지 마찰력보다 미는 힘이 커지는 순간 소파가 움직이기 시작해.

미는 힘 > 마찰력

운동

이렇게 물체가 운동을 하면 운동 마찰력이 작용해. 운동 마찰력은 물체가 운동하는 동안 작용하는 마찰력인데, 최대 정지 마찰력보다 크기가 작아. 실제로 네가 소파를 밀 때, 처음엔 힘들었지만 일단 소파가 움직이기 시작하니까 별로 힘들지 않았을걸.

지금까지 넌 땅바닥에 놓인 소파를 밀었어. 그런데 네가 자갈 위에 놓인 소파를 민다면? 또 사람이 앉아 있는 소파를 민다면 어떨까? 분명히 더 큰 힘을 주어야 소파가 밀릴 거야. 그만큼 마찰력도 크다는 뜻이지. 이렇게 마찰력의 크기는 물체의 무게나 맞닿은 면의 상태에 따라 정해져. 그래서 마찰력의 크기는 다음과 같아.

마찰력의 크기 = 마찰 계수 × 수직 항력

여기서 **마찰 계수**는 서로 닿은 면의 거친 정도를 나타내. 맞닿은 면이 거칠수록 마찰 계수는 커지지. 따라서 바닥이 거칠고 울퉁불퉁할수록 마찰 계수가 커져서 마찰력도 커져.

수직 항력은 아까 말한 것처럼 바닥에서 수직으로 물체를 떠받치는 힘이고, 물체의 무게와 크기가 같아. 따라서 물체가 무거울수록 수직 항력이 커지기 때문에 마찰력도 커져.

서로 맞닿은 면이 거칠수록, 또 물체가 무거울수록 마찰력은 커져.

그런데 마찰력이 없다면 어떨까? 당연히 좋을 것 같지만 꼭 그렇지는 않아. 마찰력이 없다면 네 주위에 황당한 일들이 마구 생길걸.

바닥이 거칠수록 마찰력이 커져서 상자를 밀기 힘들어.

상자가 무거울수록 마찰력이 커져서 상자를 밀기 힘들어.

네가 걸을 수 있는 것은 발과 바닥 사이의 마찰력 덕분이야. 네가 바닥을 디딜 때마다 마찰력이 방해해서 바닥을 박차고 앞으로 나갈 수 있거든. 그런데 마찰력이 없다면 땅바닥에서 걸어도 꼭 얼음판에서 걷는 것처럼 미끄러져 잘 걷지 못할 거야. 또 책상 위의 책도 가만있지 못할걸. 책상과 책 사이에 마찰력이 없어서 책상이 조금만 기울어도 책이 미끄러져 바닥으로 떨어질 테니까. 자전거를 탈 수 있는 것도 마찰력 덕분이야. 바퀴와 땅 사이에 마찰력이 없다면 네가 아무리 페달을 밟아도 헛바퀴만 돌 거야.

없으면 불편하고 있으면 얄미운 친구, 마찰력! 이래서 마찰력을 심술궂지만 고마운 친구라고 처음에 내가 소개한 거야. 이번 기회에 네 주위에서 마찰력이 어떻게 활약하고 있는지 한번 찾아볼래?

마찰력을 크게 해서 이용한 경우

등산화 바닥
신발 바닥이 울퉁불퉁할수록 마찰력이 크기 때문에 바위나 비탈길에서 미끄러지지 않고 걷기 좋아.

돌려서 여는 병뚜껑
어떤 병뚜껑은 겉이 거칠거칠해서 손과 병뚜껑 사이의 마찰력이 커. 그래서 손으로 병뚜껑을 열 때 미끄러지지 않고 돌려서 열기 쉬워.

고무장갑 바닥
바닥이 오돌토돌하면 바닥과 그릇 사이의 마찰력이 커서 설거지할 때 그릇이 잘 미끄러지지 않고 잡기도 쉬워.

자동차 바퀴를 감은 체인
바퀴에 체인을 감으면 바닥과 바퀴 사이에 마찰력이 커져서 눈길에서 자동차가 잘 미끄러지지 않아.

마찰력을 **작게** 해서 이용한 경우

미닫이 창문
창문 레일에 양초를 칠하거나 바퀴를 달면 마찰력이 작아져서 미닫이 창문이 잘 열리고 닫혀.

수영장의 미끄럼틀
미끄럼틀에 물을 흘려보내면 미끄럼틀 바닥과 몸 사이의 마찰력이 더 작아져서 잘 미끄러지지.

자전거 바퀴 축
바퀴 축에 윤활유를 칠하면 마찰력이 작아져 바퀴가 부드럽게 잘 돌아가.

자존심 강한 힘, 탄성력

"지렁이도 밟으면 꿈틀한다."라고 하는 속담이 있어. 하잘것없는 지렁이도 자존심을 가지고 있다는 뜻이야. 지금 소개할 탄성력은 자존심이 아주 강해서 자신에게 힘이 작용하면 강하게 반발한단다.

용수철이나 고무줄을 잡아당겼다가 놓으면 어떻게 되지? 길이가 쭉 늘어났다가 원래의 길이로 돌아오지. 또 고무풍선을 꾹 눌렀다가 놓으면 모양이 찌그러졌다가 금세 원래대로 돌아와.

　이렇게 물체가 힘을 받아서 모양이 바뀌었다가, 그 힘이 없어지면 다시 원래의 모양으로 돌아가려고 하는 성질을 **탄성**이라고 해. 그리고 탄성을 가진 물체가 다시 원래의 모양으로 돌아오는 데 필요한 힘이 바로 **탄성력**이야. 모든 물체는 크고 작은 탄성을 가지고 있는데, 그중에서도 용수철과 고무줄은 탄성이 커.

　너도 알겠지만, 용수철이나 고무줄은 큰 힘을 주어 잡아당길수록 길이가 많이 늘어나. 이것은 작용하는 힘에 비례하여 길이가 늘어나는 성질이 있기 때문이야. 작용하는 힘이 2배로 커지면 길이도 2배로 늘어나고, 힘이 3배로 커지면 길이도 3배로 늘어나는 거지. 그만큼 원래대로 돌아오는 데 필요한 탄성력도 커지지.

물체에 큰 힘을 줄수록 물체의 모양이나 길이가 많이 변하고, 탄성력도 그만큼 커져.

　이런 성질을 이용하면 물체의 무게를 잴 수 있어. 간단한 실험으로 그 방법을 알아볼까?

 **고무 밴드 저울 만들기**

준비할 것이야.

고무 밴드 2개, 압정 1개, 종이컵 1개, 흰 종이, 자, 실, 풀, 100원짜리 동전 여러 개

이렇게 해 봐.

1. 고무 밴드 2개를 실로 묶어 연결해.

2. 그림처럼 종이컵 양쪽에 구멍을 뚫은 뒤, 실을 통과시켜 고무 밴드 한쪽과 연결해.

3. 고무 밴드의 다른 쪽을 책상에 압정으로 고정시켜.

4. 흰 종이에 1센티미터 간격으로 눈금을 그려서 책상 다리에 붙여. 이때 종이컵의 입구가 눈금 0에 오도록 종이 눈금을 붙여.

5. 종이컵에 100원짜리 동전을 한 개씩 넣어 가며 고무 밴드가 늘어난 길이를 기록해.

이렇게 될 거야.

내 결과는 아래 표와 같아. 아마 네 결과와 다를 수도 있어. 왜냐하면 실험에 사용한 고무 밴드에 따라 결과가 달라지거든. 아무튼 종이컵에 동전이 많아질수록 고무 밴드 길이가 늘어나는 건 똑같아.

동전의 개수	5개	10개	15개
늘어난 길이	1센티미터	2센티미터	3센티미터

왜 이런 일이 일어날까?

아까 고무줄은 작용하는 힘에 비례하여 늘어나는 성질이 있다고 했어. 여기서 작용하는 힘은 바로 동전의 무게야. 동전의 무게란 지구가 동전을 끌어당기는 힘, 즉 중력이지. 그래서 동전이 많아질수록 지구가 끌어당기는 힘이 커지기 때문에, 고무 밴드의 길이가 늘어나는 거야. 이렇게 무거운 물체를 매달수록 고무 밴드의 길이가 더 많이 늘어나는 성질

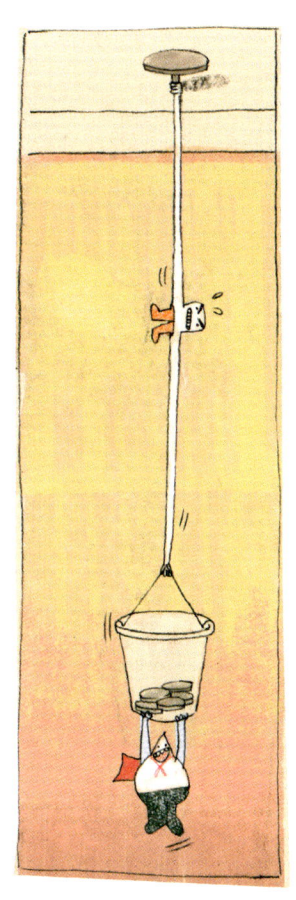

을 이용하여 물체의 무게를 잴 수 있어.

어찌 보면 탄성력도 마찰력과 비슷한 면이 있어. 네가 용수철이나 고무줄에 힘을 주면, 그 힘과 같은 크기의 힘으로 끌어당기거나 밀어서 원래대로 돌아가잖아. 마찰력이 네가 준 힘과 같은 크기의 힘으로 버티는 것처럼 말이야. 하지만 탄성력은 버틸 수 있는 한계, 즉 **탄성 한계**를 넘으면 아예 대꾸하지 않아.

어떤 볼펜 속에는 작은 용수철이 들어 있는데, 한번 찾아봐. 용수철을 찾았으면 이제 있는 힘껏 최대로 용수철을 당겼다 놓아. 그럼 용수철은 쭉 늘어난 채 그대로 있을 거야. 그 용수철의 탄성 한계를 넘었기 때문에 원래대로 돌아가지 않는 거야.

나무나 철판처럼 단단한 물질은 탄성 한계보다 큰 힘을 주면 그냥 부러져. 나무젓가락의 양 끝을 손으로 잡고 힘을 주어 구부려 봐. 나무젓가락은 조금 휘어지다가 더 큰 힘을 주면 더 이상 버티지 못하고 결국 부러져. 따라서 탄성력을 다룰 때에는 그 친구가 버틸 수 있을 정도로만 네가 힘을 주어야 해. 아무튼 탄성력은 자존심이 대단해!

탄성력을 이용한 경우

활 줄과 나무의 탄성이 좋아서 화살을 줄과 함께 당겼다 놓으면 화살이 멀리 튕겨 나가.

테니스 라켓 탄성이 좋은 줄로 만들어졌기 때문에 공이 세게 반발해서 멀리 날아가.

타이어 고무로 된 타이어 속에는 공기가 들어 있는데, 고무와 공기 모두 탄성이 좋아서 울퉁불퉁한 길에서도 충격을 잘 흡수해.

범퍼카 몸체가 탄성이 좋은 고무 튜브로 둘러싸여 있어서, 서로 부딪치면 탄성력 때문에 범퍼카가 튕겨 나가.

콧대 높은 힘, 부력

저런, 연못에 공을 빠뜨렸구나. 그런데 공이 물속으로 가라앉지 않고 물 위에 둥둥 떠 있네! 나, 중력이 아래로 끌어당기고 있다면 공이 물속으로 가라앉아야 할 텐데 말이야.

이렇게 공이 물 위에 둥둥 뜨는 건 나랑 반대 방향으로 물체를 떠받치고 있는 힘이 있다는 뜻이야. 아까 나왔던 수직 항력이냐고? 아니, 이 친구는 바로 부력이야. 부력은 물이 물체를 떠받치는 힘이야.

돌을 들 때 너랑 나랑 힘겨루기를 한 것처럼 물에서는 부력이랑 나랑 힘겨루기를 하고 있단다. 난 물체를 물속으로 끌어당기고, 부력은 물체를 물 위로 밀어 올리지.

흔히 사람들은 가벼운 물체는 물에 뜨고 무거운 물체는 가라앉는다고 생각해. 하지만 커다란 배와 작은 조약돌의 경우를 생각해 봐. 배는 조약돌보다 훨씬 무겁지만 물에 뜨고, 조약돌은 물속으로 가라앉아. 그러니까 물체가 물에 뜨고 가라앉는 건 나와 부력이 힘겨루기를 해서 누가 이기느냐에 따라 결정되는 거야. 내가 이기면 물체가 가라앉고, 부력이 이기면 물체가 뜨지.

부력보다 가벼운 물체는 뜨고, 부력보다 무거운 물체는 가라앉아.

그렇다면 부력의 크기는 어떻게 알 수 있을까? 부력의 크기를 알아낸 사람은 고대 그리스의 과학자인 아르키메데스야. 지금부터 2200년쯤 전에 아르키메데스는 부력의 원리를 발견했어.

부력의 원리를 발견한 아르키메데스

아르키메데스는 히에론 2세의 왕관이 순금으로 만들어졌는지 아닌지를 밝혀내는 과정에서 부력의 원리를 발견했고, 물에서는 부력 때문에 몸이 가벼워진다는 사실도 알아냈어. 아르키메데스의 원리, 즉 부력의 원리는 다음과 같아.

물체가 밀어낸 물의 무게만큼 부력은 위쪽으로 작용해. 즉, 밀어낸 물의 무게만큼 물체는 가벼워지지.

어떤 물체가 물에 잠기면 물체가 잠긴 부분만큼 물을 밀어내. 그만큼 수면은 높아지지. 그리고 밀어낸 물의 무게만큼 물체에 부력이 생겨. 따라서 밀어낸 물이 많을수록 부력은 커진다는 게 바로 부력의 원리야. 결국 물에 잠긴 부분의 부피가 클수록 부력은 커져.

짐을 많이 실을수록 배가 물에 더 많이 잠기므로 부력도 커져.

그런데 내 친구 부력은 콧대가 아주 높아! 웬만큼 덩치가 크지 않으면 물체를 거들떠보지도 않아. 그건 내 친구 부력이 물체의 부피를 중요하게 여기기 때문이야. 같은 무게라도 덩치 큰 물체를 만나면 열심히 떠받쳐. 하지만 덩치 작은 물체를 만나면 나 몰라라 해서 가라앉게 만들어. 그래서 이 친구가 열심히 물체를 떠받치게 하려면 물에 잠기는 부분의 부피를 크게 해야 해. 예를 들어 볼게!

여기 무게가 같은 고무찰흙 두 덩어리가 있어. 먼저 한 덩어리는 속이 꽉 찬 찰흙 공을 만들고, 다른 한 덩어리는 얇게 펴서 넓적한 찰흙 그릇을 만들어. 그릇은 얇고 넓을수록 좋아.

이제 찰흙 공을 물에 넣어 봐. 막 던지지 말고 종이배를 띄우듯이

지나치게 짐을 많이 실으면 부력보다 배가 무거워져서 결국 배는 가라앉아.

조심해!

살살 넣어. 후훗, 찰흙 공이 그대로 가라앉지? 찰흙 공의 무게가 부력보다 크기 때문에 가라앉는 거야.

이번에는 찰흙 그릇을 넣어 봐. 찰흙 그릇이 물 위에 둥둥 뜰 거야. 찰흙 공과 찰흙 그릇의 무게는 같지만, 찰흙 그릇이 물에 잠기는 부분의 부피가 훨씬 크기 때문에 물에 뜨는 거야.

다시 말해 찰흙 그릇을 물에 넣으면 서서히 잠기면서 부력도 커지기 시작해. 그러다가 어느 순간 찰흙 그릇이 더 이상 물에 잠기지 않고 뜨게 돼. 바로 찰흙 그릇의 무게와 부력이 같아져서 찰흙 그릇이 가라앉지 않고 뜨는 거지.

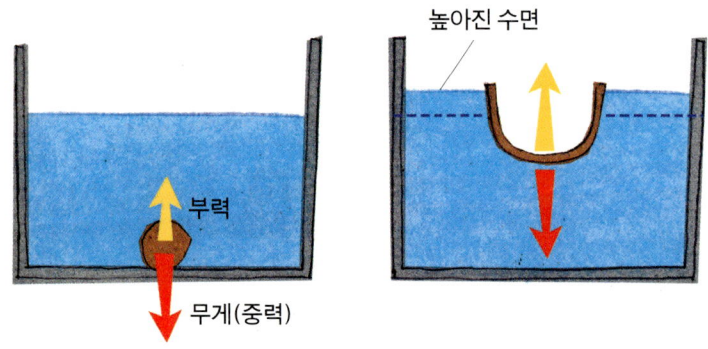

찰흙 공은 물에 그냥 가라앉아. 무게가 부력보다 크기 때문이지. 하지만 찰흙 그릇은 물에 떠. 부피가 크기 때문에 밀어내는 물의 양도 많고, 그에 따라 부력도 커지기 때문이야. 찰흙 그릇이 물에 떠 있을 때 찰흙 그릇의 무게와 부력의 크기는 같아.

따라서 부력을 크게 하려면 물에 잠기는 부분의 부피를 크게 해야 돼.

훗, 이제 내 친구들 이야기는 그만할게. 세상을 움직이는 기본 힘과 마찰력, 탄성력, 부력 정도면 웬만한 힘은 다 소개한 셈이거든.

마찰력은 굴러가는 공을 멈추게 하고, 탄성력은 늘어난 고무줄을 원래대로 돌아가게 만들지. 또 부력은 나와 힘겨루기를 하며 배를 물 위에 뜨게 해. 이렇게 물체에 어떤 힘이 작용하면 그 물체는 운동을 해. 그런데 힘과 운동 사이에는 규칙이 숨어 있대. 그 규칙이 무엇인지 궁금하지? 자, 다시 힘을 내 봐!

세상을 움직이는 규칙, 힘과 운동의 법칙

힘은 어디에나 있어. 제자리에 가만히 있는 물체에도 힘이 작용해.
여러 힘이 균형을 이루기 때문에 움직이지 않을 뿐이야.
만일 힘의 균형이 깨지면 물체는 운동을 하기 시작해.
힘과 운동은 아주 관계가 깊어. 또 힘과 운동 사이에는 규칙이
숨어 있지. 지금부터 그 규칙을 알아볼까?

힘을 주면?

운동장에서 아이들이 신 나게 축구를 하네! 달리고, 부딪치고, 공을 차고, 슛을 쏘고……. 와~, 흥미진진한데. 이렇게 아이들이 축구를 할 수 있는 것도 다 우리 덕분이야. 여러 힘이 곳곳에서 일하고 있거든. 과연 어떤 힘들이 어디에서 일하고 있을까? 축구 경기에 숨어 있는 힘들을 찾아봐!

어때, 발견했니? 설마 날 까먹은 건 아니지? 중력은 모든 물체 사이에 있으니까. 더구나 내가 지구에 있는 모든 물체를 지구 중심 쪽으로 끌어당기고 있잖아. 내가 있기 때문에 아이들, 골대, 축구공이 지구 밖으로 날아가지 않는 거야.

나 말고 마찰력도 곳곳에 있어. 특히 골키퍼의 장갑과 공 사이, 땅과 축구화 바닥 사이에서 크게 작용하지. 그래서 골키퍼가 공을 미끄러뜨리지 않고 잡을 수 있고, 아이들이 미끄러지지 않고 민첩하게 움직일 수 있어. 굴러가는 공이 저절로 멈추는 것도 마찰력 때문이잖아.

그리고 공을 차면 공은 순간적으로 찌그러졌다가 원래의 모양으로 되돌아가. 바로 탄성력이 작용하는 거지. 이 밖에 물질을 구성하는 전기력, 핵력도 있어. 여기에 아이들이 주는 힘도 무시할 수 없지.

힘을 찾아봐!

아이들이 힘을 주어야 마찰력이나 탄성력이 반발하여 작용하고, 아이들도 공도 움직이잖아.

그런데 아이들이 축구공에 힘을 주면 축구공이 어떻게 됐니? 찌그러지고, 멈춰 있다 움직이고, 움직이다가 멈추고, 방향이나 빠르기가 바뀌었지?

한마디로 힘을 주면 물체는 모양이나 운동 상태가 변해.

머리도 식힐 겸 네가 축구공을 가지고 직접 확인해 봐. 먼저 공을 발로 꽉 눌러 봐! 공이 찌그러지지? 물체에 힘을 주면 이렇게 모양이

변해. 힘을 크게 주면 모양이 많이 변하고, 힘을 작게 주면 모양이 조금 변하지.

이번엔 멈춰 있는 공을 힘껏 차 봐! 공이 빠른 속도로 멀리 날아가지? 물체에 힘을 주니까 멈춰 있던 물체가 움직여. 물체가 움직이는 것을 다른 말로 운동이라고 해.

공에 힘을 주면 운동을 멈추거나, 운동 방향이 바뀌기도 해. 데굴데굴 굴러 오는 공을 발로 막으면 공이 멈춰. 만일 굴러 오는 공을 앞이나 옆으로 차면 공은 다시 앞이나 옆으로 굴러갈 거야. 공의 운동 방향이 바뀌는 거지.

이렇게 힘은 물체의 모양이나 운동 상태를 변하게 만들어. 이때 힘의 크기가 클수록 물체의 모양이나 운동 상태는 더 크게 변해. 여기서 운동 상태가 변한다라는 말은 물체의 빠르기가 바뀌거나 운동 방향이 달라지는 것을 뜻해.

힘을 구별하는 세 가지 요소

자, 이제 공을 힘껏 차서 골대에 넣어 봐! 내가 응원할게. 어이쿠! 공을 너무 높이 찼구나. 공이 골대 위로 날아가 버렸어.

공이 날아가는 방향은 공을 찰 때 주는 힘의 방향에 따라 달라져. 공을 아래쪽에서 위쪽으로 차면 공은 위로 날아가. 공을 오른쪽에서 왼쪽으로 차면 공은 왼쪽으로 날아가. 이렇게 어떤 물체를 원하는 방향으로 움직이려면 힘의 방향을 잘 조절해야 해. 힘의 크기만큼 방향도 중요하지.

내가 골을 잘 넣는 비법을 하나 알려 줄까? 그건 바로 바나나킥이야. 바나나킥이란 공이 바나나처럼 구부러지며 날아가도록 차는 기술이지. 공의 가운데를 차면 공은 똑바로 날아가. 하지만 가운데에서 약간 벗어난 곳을 힘껏 차면 공은 점점 구부러지며 날아가.

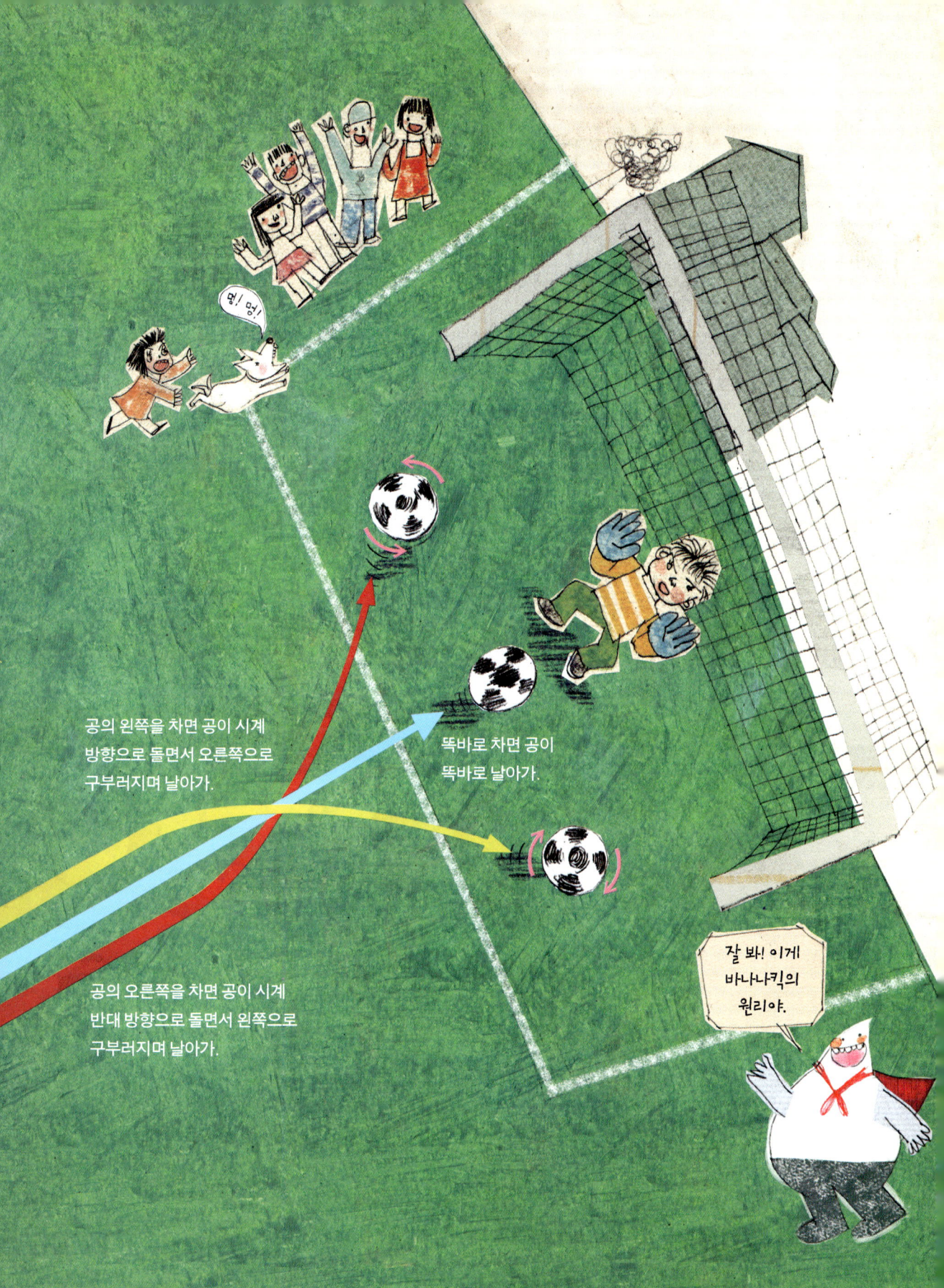

먼저 공의 왼쪽을 힘껏 차 봐. 그렇다고 왼쪽에서 오른쪽으로 차라는 건 아니야. 공의 가운데에서 약간 벗어난 왼쪽 부분을 앞을 향해 차라는 거지. 그럼 공은 시계 방향으로 빙글빙글 돌면서 날아가. 공이 발에서 떠날 때에는 앞쪽으로 곧게 날아갈 거야. 하지만 공이 돌면서 공기와 부딪치기 때문에 공은 점점 오른쪽으로 구부러져. 아마 골키퍼도 깜짝 놀라 손을 쓰지 못할걸.

반면에 공의 오른쪽을 차면 공은 시계 반대 방향으로 빙글빙글 돌아. 그럼 공은 왼쪽으로 구부러지면서 날아가지. 공의 위쪽을 차면 공은 앞으로 빙글빙글 돌면서 날아가다 점점 아래로 구부러져. 공의 아래쪽을 차면 공은 뒤로 빙글빙글 돌면서 날아가다 점점 위로 구부러지지. 이게 바로 바나나킥 기술이야.

그런데 공을 찰 때 힘은 발의 앞쪽에서 공의 표면으로 전달돼. 이때 공의 표면에서 발의 앞쪽 끝이 닿는 부분을 작용점이라고 해. 작용점이란 힘이 물체에 전달되는 곳이지. 힘의 크기와 방향이 같더라도 작용점이 다르면 물체의 운동은 달라져.

과학자들은 힘의 크기와 방향과 작용점을 힘의 **요소**라고 해. 힘의

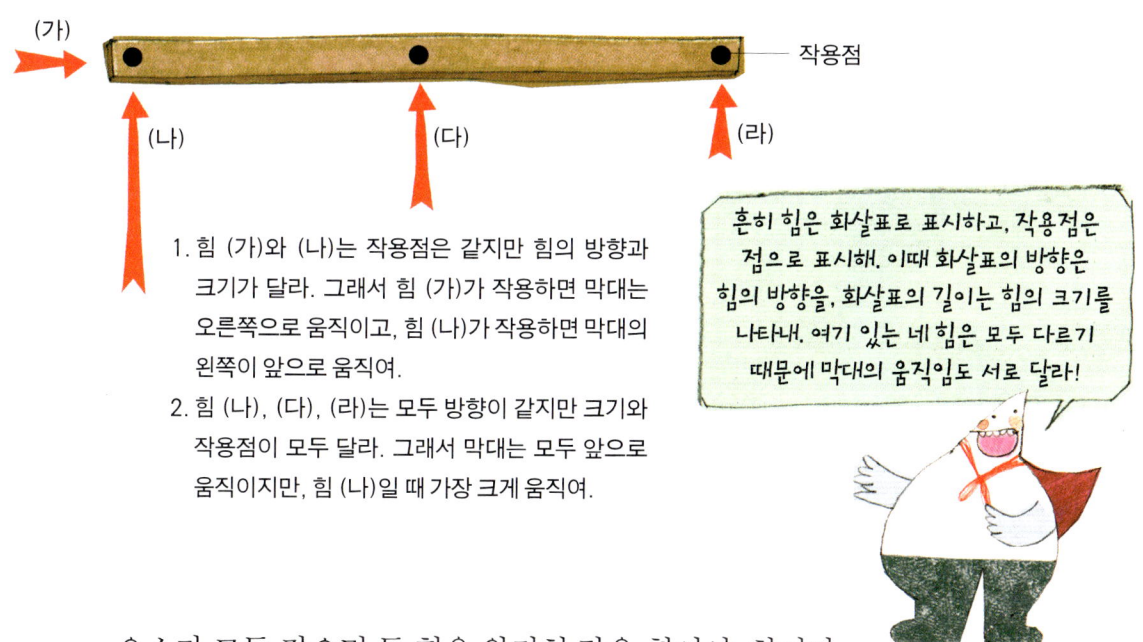

1. 힘 (가)와 (나)는 작용점은 같지만 힘의 방향과 크기가 달라. 그래서 힘 (가)가 작용하면 막대는 오른쪽으로 움직이고, 힘 (나)가 작용하면 막대의 왼쪽이 앞으로 움직여.
2. 힘 (나), (다), (라)는 모두 방향이 같지만 크기와 작용점이 모두 달라. 그래서 막대는 모두 앞으로 움직이지만, 힘 (나)일 때 가장 크게 움직여.

흔히 힘은 화살표로 표시하고, 작용점은 점으로 표시해. 이때 화살표의 방향은 힘의 방향을, 화살표의 길이는 힘의 크기를 나타내. 여기 있는 네 힘은 모두 다르기 때문에 막대의 움직임도 서로 달라!

요소가 모두 같으면 두 힘은 완전히 같은 힘이야. 하지만 세 가지 요소 중에서 어느 하나라도 다르면 두 힘은 다른 힘이지.

힘의 크기와 방향, 작용점 가운데 하나라도 다르면 두 힘은 서로 다른 힘이야.

어떤 물체에 같은 힘이 작용하면 그 물체는 같은 운동을 해. 이를테면 같은 힘으로 공을 차면 공은 언제나 같은 운동을 하고, 다른 힘으로 공을 차면 공은 다른 운동을 하지.

운동 제1법칙, 관성의 법칙

앞에서도 말했지만, 자연 현상을 이해하려면 무엇보다 힘을 잘 알아야 해. 힘을 알면 네 주변의 운동을 제대로 이해할 수 있으니까. 그런데 힘과 물체의 운동 사이에는 규칙이 있어. 그 규칙이 무얼까?

지금으로부터 약 300년 전, 뉴턴은 힘과 운동 사이의 규칙을 밝혀냈어. 이것을 **뉴턴의 운동 법칙**이라고 해. 뉴턴을 기억하니? 나, 중력의 정체를 가장 정확히 밝혀낸 사람이잖아. 그래서 우리는 뉴턴을 거의 신처럼 여겨. 힘과 운동에 관해 많은 사실을 밝혀냈으니까.

운동 제1법칙은 다른 말로 **관성의 법칙**이라고 해. 관성의 법칙을 이해하려면 먼저 관성에 대해 알아야겠지? **관성은 힘을 주지 않으면 물체가 자신의 운동 상태를 계속 유지하려는 성질이야.** 멈춰 있던 버스가 갑자기 출발할 때 몸이 뒤로 기울어지거나, 달리던 버스가 갑자기 멈출 때 몸이 앞으로 기울어지는 것도 모두 관성 때문이야.

예를 들어 네가 얼음판에 놓인 썰매 위에 앉아 있다고 생각해 봐. 누가 밀지 않으면 넌 그대로 멈춰 있을 거야. 바꿔 말하면 "힘을 주지 않으면 네 운동 상태는 변하지 않는다."라고 할 수 있지. 좀 이상하겠지만, 과학자들은 멈춰 있을 때를 속도가 0인 운동 상태라고 말해.

계속 멈춰 있으려는 관성 때문에 생기는 일

멈춰 있던 버스가 갑자기 출발하면 사람은 뒤로 기울어져. 버스는 앞으로 나아가지만 사람은 제자리에 멈춰 있으려는 관성 때문이야.

컵 위의 종이를 빠르게 잡아당기면 동전은 제자리에 멈춰 있으려는 관성 때문에 컵 속으로 떨어져.

계속 운동하려는 관성 때문에 생기는 일

달리던 버스가 갑자기 멈추면 사람은 앞으로 기울어져. 버스는 멈추지만 사람은 계속 앞으로 나아가려는 관성 때문이야.

앞으로 걸어가던 사람이 돌부리에 걸리면, 몸은 계속 앞으로 나아가려는 관성 때문에 균형을 잃고 넘어지기 쉬워.

힘을 주지 않으면 멈춰 있는 물체는 계속 멈춰 있어.

이번에는 누가 너를 밀었다고 생각해 봐. 힘껏 밀고 손을 바로 떼야 해. 그럼 썰매가 앞으로 미끄러져 나갈 거야. 만일 썰매가 미끄러지는 동안 어떤 힘도 주지 않으면, 이번에도 네 운동 상태는 변하지 않아. 그러니까 같은 방향, 같은 속력으로 썰매가 영원히 미끄러진다는 뜻이지. 한마디로 물체에 힘을 주지 않으면 관성 때문에 물체의 운동 상태는 변하지 않는다는 게 관성의 법칙이야.

[관성의 법칙] 물체에 힘을 주지 않으면 멈춰 있는 물체는 계속 멈춰 있고, 움직이는 물체는 계속 움직여.

힘을 주지 않으면 움직이는 물체는 계속 움직여.

뭐? 계속 미끄러지는 썰매도 언젠가는 멈출 거라고? 이런, 눈치챘구나! 그렇다고 관성의 법칙이 틀린 건 아니야.

사실 썰매와 얼음판 사이에는 마찰력이 작용하고 있어. 그래서 썰매가 멈추는 거지. 하지만 마찰력이 없으면 관성의 법칙에 따라 일단 미끄러지기 시작한 썰매는 계속 미끄러져.

과학자들은 방향과 속력이 일정한 운동을 등속 운동 또는 등속도 운동이

라고 해. 따라서 관성의 법칙을 '힘을 주지 않으면 물체는 등속 운동을 한다.'라고 말할 수도 있어. 그러니까 물체가 움직이지 않을 때에는 속도가 0인 등속 운동을 하는 셈이야.

물체에 힘을 주지 않으면 물체는 등속 운동을 해.

아쉽지만 네 주변에는 힘을 주지 않을 때 등속 운동을 하는 물체가 없어. 언제나 내 친구 마찰력이 힘을 쓰기 때문이지. 하지만 우주에는 마찰력이 없기 때문에 등속 운동을 볼 수 있어. 실제로 우주에서는 엔진을 꺼도 로켓이 같은 방향, 같은 속력으로 계속 날아가. 만약 네가 우주에서 공을 차면, 공도 같은 방향과 속력으로 계속 날아갈 거야.

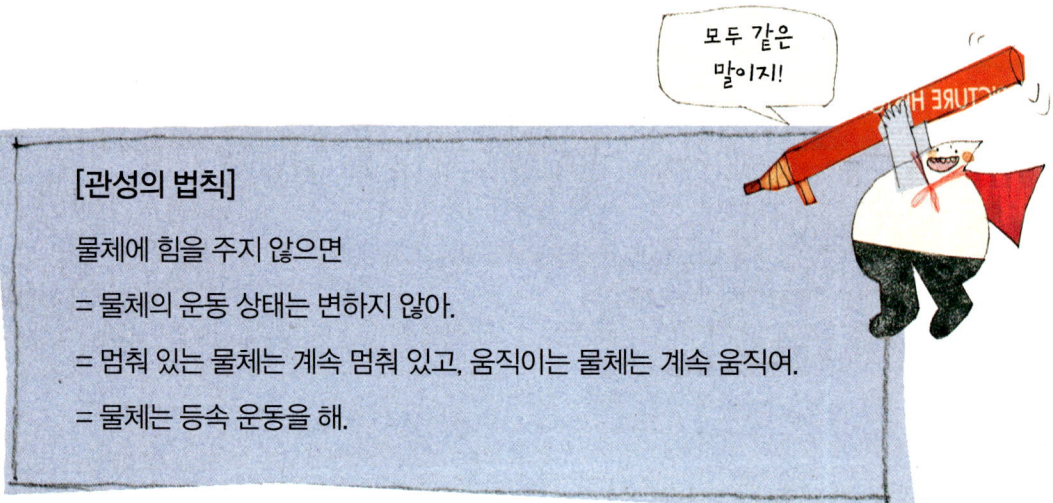

[관성의 법칙]

물체에 힘을 주지 않으면
= 물체의 운동 상태는 변하지 않아.
= 멈춰 있는 물체는 계속 멈춰 있고, 움직이는 물체는 계속 움직여.
= 물체는 등속 운동을 해.

운동 제2법칙, 가속도의 법칙

관성의 법칙을 한번 거꾸로 생각해 볼까? 관성의 법칙에 따르면, 물체에 힘을 주지 않으면 운동 상태는 변하지 않아. 이 말의 반대는 물체에 힘을 주면 운동 상태가 변한다는 거야.

그런데 이 말을 어디서 들어 본 것 같지 않니? 앞에서 힘을 주면 물체는 모양이 변하거나 운동 상태가 변한다고 했잖아. 기억나지? 힘과 운동의 관계에서 보면, 물체에 힘을 주면 운동 상태가 변한다는 거지. 이게 바로 운동 제2법칙이야. 흔히 가속도의 법칙이라고 해.

이제 가속도의 법칙을 쉽게 설명해 줄게. 아참! 그 전에 속도와 가속도가 뭔지 알아야지. 속도는 속력과 비슷하지만 조금 달라. 속력은 말 그대로 물체의 빠르기야. 하지만 속도는 속력에 방향까지 고려한 개념이야.

속도 = 속력 + 방향

네가 시속 10킬로미터의 속력으로 달린다고 생각해 봐. 네가 달리는 방향을 이리저리 바꿔도 속력은 그대로 시속 10킬로미터야. 그런데 과학자들은 속력이 같아도 방향이 바뀌면 속도가 변한다고 말해.

아까 등속 운동에 대해 이야기했지? 등속 운동이란 속력이 아니라 속도가 변하지 않는 운동이야. 그러니까 등속 운동은 속력과 방향이 바뀌지 않고 그대로인 운동이야.

그렇다면 가속도는 무얼까? 가속도는 원래 속도가 더해진다는 뜻이야. 점점 빨라진다는 거지. 하지만 과학자들은 느려지든 빨라지든 관계없이 변하는 속도를 가속도라고 해. 그리고 속도가 변하는 운동을 가속 운동 또는 가속도 운동이라고 하지.

출발선에서 결승선 쪽으로 움직이는 것을 +방향, 결승선에서 출발선 쪽으로 움직이는 것을 −방향이라고 하면, 네가 같은 속력 10으로 달릴 때 A에서의 속도는 +10이고, B에서의 속도는 −10이야.

떨어지는 물체는 지구의 중력 때문에 속력이 점점 빨라져. 따라서 떨어지는 물체는 속력이 빨라지는 가속도 운동을 해.

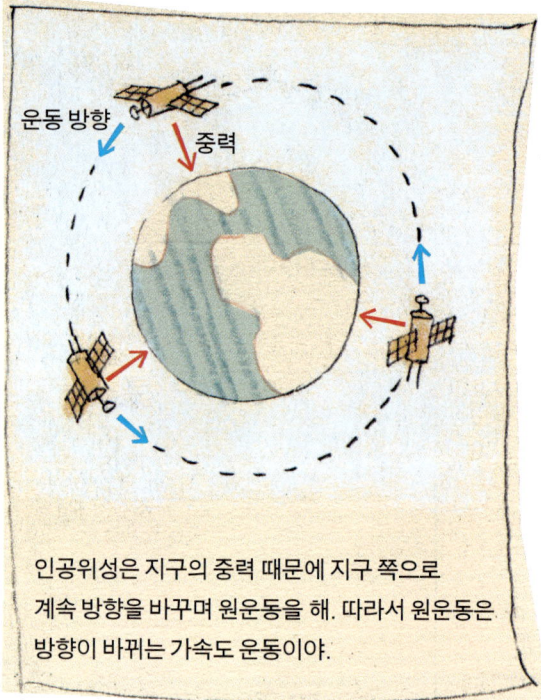

인공위성은 지구의 중력 때문에 지구 쪽으로 계속 방향을 바꾸며 원운동을 해. 따라서 원운동은 방향이 바뀌는 가속도 운동이야.

멈춰 있는 자전거의 페달을 힘껏 밟으면 차츰 속력이 빨라지며 출발하기 시작해. 따라서 자전거는 출발할 때 속력이 빨라지는 가속도 운동을 해.

[가속도의 법칙]

물체에 힘을 주면
= 물체의 운동 상태는 변해.
= 가속도 운동을 해.

자전거는 출발할 때 점점 빨라지고, 멈출 때는 점점 느려져. 바로 가속도 운동을 하는 거야. 물론 속력에는 변화가 없고 방향이 바뀌는 운동도 가속도 운동이야. 떨어지는 돌이나 인공위성도 나 때문에 가속도 운동을 하고 있어. 내가 지구의 중심 쪽으로 돌과 인공위성을 계속 끌어당기고 있으니까. 후훗, 알 듯 모를 듯하다고? 우선 이 정도만 알고 가속도의 법칙에 대한 설명을 더 들어 봐.

가속도 운동은 물체의 방향이 바뀌거나 속력이 변하는 운동이야.

물체에 힘을 주면 방향이 바뀌거나 속력이 변해. 다시 말해 가속도 운동을 하게 되는 거지. 이때 물체의 가속도는 물체에 큰 힘을 줄수록 커지고, 물체의 질량이 클수록 작아져. 이게 바로 가속도의 법칙이야.

[가속도의 법칙] 물체에 힘을 주면 가속도 운동을 해. 이때 가속도는 큰 힘을 줄수록 커지고, 물체의 질량이 클수록 작아져.

후훗, 어째 더 어려워지는 것 같다고? 그렇지 않아. 자동차를 생각

해 봐. 가속 페달을 밟으면 멈춰 있던 자동차는 속력이 점점 빨라지면서 움직이기 시작해. 이때 자동차는 속력이 변하는 가속도 운동을 하는 거야.

슈웅~. 이제 움직이기 시작한 자동차가 시속 60킬로미터로 계속 직진한다고 가정해 봐. 그럼 이때는 자동차가 같은 방향과 속력으로 달리므로 등속 운동을 하게 돼.

그런데 자동차가 계속 같은 속력으로 달리다가 사잇길로 접어들

속력은 같지만 방향이 달라지는 가속도 운동을 해.

자동차는 멈출 때 속력이 느려지는 가속도 운동을 해.

면? 속력은 여전히 시속 60킬로미터이지만 방향이 달라지니까, 다시 방향이 바뀌는 가속도 운동을 하는 거지.

만일 사잇길로 접어들지 않고 그대로 달리다가 브레이크를 밟는다면? 그럼 자동차는 빠르게 속력이 느려지다가 결국 멈출 거야. 이때 자동차는 속력이 점점 느려지는 가속도 운동을 해.

그런데 힘의 크기와 물체의 질량이 변하면 가속도 운동은 어떻게 될까? 가속 페달을 세게 밟을수록 자동차의 속력이 빠르게 빨라지잖아? 물체에 큰 힘을 줄수록 가속도가 커지는 거지. 자동차에 무거

질량이 같은 경우
가속 페달을 세게 밟을수록, 즉 큰 힘을 줄수록 가속도는 커져.

힘이 같은 경우
짐이 많을수록, 즉 질량이 클수록 가속도는 작아져.

[롤러코스터의 가속도 운동]
롤러코스터는 구간에 따라 등속 운동이나 가속도 운동을 해.

구간 A ~ B
롤러코스터는 내리막 레일을 달릴 때
속력이 점점 빨라지는 가속도 운동을 해.

구간 B ~ C
롤러코스터는 수평 레일을 달릴 때
속력과 방향이 같은 등속 운동을 해.

운 짐을 실으면 어떨까? 당연히 짐이 없을 때보다 속력을 높이기 어려워. 물체의 질량이 클수록 가속도가 작아지는 거지. 따라서 물체가 가속도 운동을 할 때, 가속도는 큰 힘을 줄수록 커지고 물체의 질량

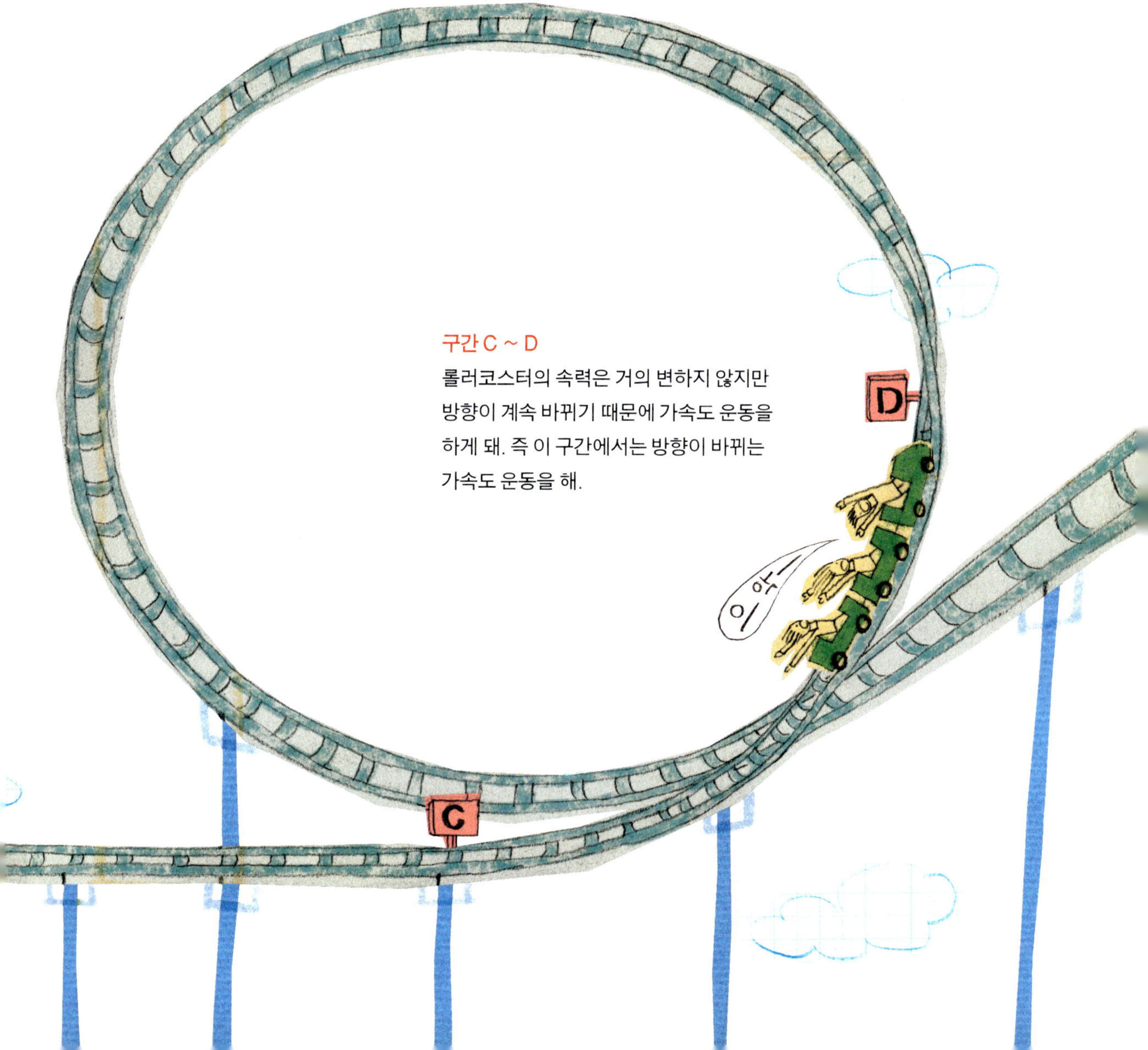

구간 C ~ D
롤러코스터의 속력은 거의 변하지 않지만 방향이 계속 바뀌기 때문에 가속도 운동을 하게 돼. 즉 이 구간에서는 방향이 바뀌는 가속도 운동을 해.

이 클수록 작아져.

    생각했던 것보다 별로 어렵지 않지? 이쯤만 알아도 웬만한 운동은 충분히 이해할 수 있을 거야. 네 주위에서 일어나는 운동은 속력과 방향이 바뀌는 가속도 운동이 대부분이거든. 물론 네가 힘과 운동에 더욱 많이 관심을 가져야 하겠지만 말이야. 이제 내 이야기도 막바지에 이르렀어. 자, 집중!

운동 제3법칙, 작용·반작용의 법칙

자, 손바닥으로 벽을 밀어 봐. 아주 세게 말이야. 잘했어! 네가 벽을 밀면 오히려 벽이 손바닥을 미는 듯한 느낌이 들지 않니? 그 이유를 설명할 수 있으면 넌 이미 뉴턴의 운동 제3법칙을 충분히 이해하고 있는 거야. 운동 제3법칙은 작용·반작용의 법칙이라고 해.

네가 손바닥으로 벽을 밀면 벽이 힘을 받아. 이 힘을 작용이라고 해. 이때 벽도 네 손바닥을 밀어. 손바닥이 벽으로부터 힘을 받는 거지. 이 힘을 반작용이라고 해. 손바닥이 벽을 미는 힘과 벽이 손바닥을 미는 힘은 크기가 같아. 그리고 힘의 방향은 반대야. 후훗~, 이게 바로 작용·반작용의 법칙이야. 이렇게 쉬운 걸 과학자들은 좀 어렵게 말해.

[작용·반작용의 법칙] 어떤 물체(A)가 다른 물체(B)에 힘을 주면 다른 물체(B)도 어떤 물체(A)에 같은 크기의 힘을 반대 방향으로 줘.

이 밖에 작용·반작용의 법칙은 "모든 힘은 언제나 쌍으로 나타난다.", "두 물체가 부딪치면 크기는 같고 방향은 반대인 힘이 생긴다."와 같이 말할 수도 있어.

혹시 동생의 머리를 쥐어박은 적 있니? 그때 네 주먹도 아팠을걸. 그건 동생의 머리가 네 주먹을 들이받은 거나 마찬가지기 때문이야. 네 주먹이 동생 머리에 준 힘은 작용이고, 동생 머리가 네 주먹에 준 힘은 반작용이 되는 거지. 힘을 준 대로 돌려받는 셈이지. 작용·반작용의 법칙에 따르면 세상은 참 공평해. 그치? 후훗.

재미있는 예가 하나 있어. 직접 따라해 봐. 먼저 고무풍선을 준비해. 그리고 힘차게 불어. 고무풍선이 아주 커지면 고무풍선 주둥이를 손으로 꼭 잡아. 그런 다음 손을 높이 들고 고무풍선 주둥이를 놓아. 슈~웅!

고무풍선이 로켓처럼 빠르게 날아가지? 고무풍선은 탄성이 좋아. 그래서 고무풍선의 주둥이를 놓으면 고무풍선의 탄성력과 기압 때문에 공기가 빠져나가기 시작하지. 고무풍선이 공기에 힘을 주는 거야. 이때 작용·반작용의 법칙에 따라 공기도 고무풍선에 힘을 주게 돼. 그래서 고무풍선이 힘차게 날아가는 거야. 실제로 제트 비행기나 우주 로켓도 작용·반작용의 원리를 이용해 앞으로 날아가지.

과학자들은 오랜 세월에 걸쳐 힘의 정체를 밝혀냈고, 또 힘을 생활에 이용해 왔어. 사람이 알게 된 모든 지식, 또 사람이 누리고 있는 모든 문명은 과학자들의 그런 노력 덕분이지.

거리를 달리는 자동차와 하늘을 나는 비행기, 또 우주 공간을 날아가는 우주 로켓, 더 나아가 지구와 달과 별의 움직임에도 힘과 운

동의 법칙이 작용해. 우주는 나를 비롯한 많은 힘들이 질서와 규칙을 지키며 살아가고 있는 넓은 공간이야.

주위를 둘러봐. 수많은 힘들이 부지런히 일하고 있어. 물론 사람들 눈에는 잘 보이지 않을 거야. 하지만 지금까지 나와 함께한 너는 다를 거야. 아마 넌 어떤 힘이 어떤 일을 하는지 알아챌 수 있을걸. 넌 이미 나와 친한 친구가 되었으니까 말이야.

슈우우우

마치며

이제 헤어져야 할 때가 되었네. 좀 아쉽다고? 기운 내.

나와 내 친구들은 언제나 네 곁에 있어. 나뭇가지에서 떨어지는 열매를 볼 때, 길가의 작은 돌멩이를 걷어찰 때 우릴 떠올린다면 우린 언제든지 다시 만날 수 있어.

난 널 잊지 않을 테니까 너도 날 꼭 기억해 주렴.

그럼 안녕!

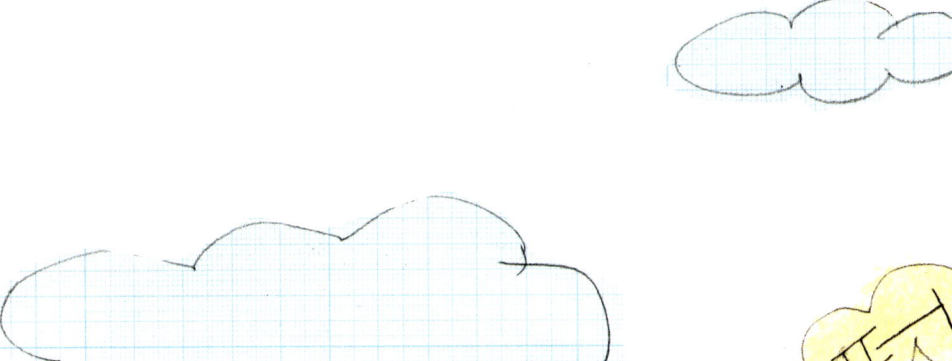

야무진 백과

뉴턴의 운동 법칙

물체에 작용하는 힘과 물체의 운동 사이의 관계를 밝힌 것으로 3가지 법칙이 있어.

● **운동 제1법칙_ 관성의 법칙**
물체에 힘을 주지 않으면 멈춰 있는 물체는 계속 멈춰 있고, 움직이는 물체는 계속 움직여.

● **운동 제2법칙_ 가속도의 법칙**
물체에 힘을 주면 속도가 변하는 가속도 운동을 해. 이때 가속도는 큰 힘을 줄수록 커지고, 물체의 질량이 클수록 작아져.

● **운동 제3법칙_ 작용·반작용의 법칙**
어떤 물체(A)가 다른 물체(B)에 힘을 주면 다른 물체(B)도 어떤 물체(A)에 같은 크기의 힘을 반대 방향으로 줘.

마찰력

● 물체의 운동을 방해하는 힘
● 물체가 움직이는 방향과 반대 방향으로 작용해.
● 서로 맞닿은 면이 거칠수록, 물체가 무거울수록 마찰력은 커져.

부력

● 물이 물체를 떠받치는 힘
● 물체가 밀어낸 물의 무게만큼 부력은 위쪽으로 작용해.
● 부력보다 가벼운 물체는 뜨고, 부력보다 무거운 물체는 가라앉아.

자기력

- 자기(자석) 알갱이 사이에서 작용하는 힘
- 자석 사이나 자석과 철 사이에서 나타나.
- 같은 극끼리는 밀어내고, 다른 극끼리는 끌어당겨.

전기력
- 전기 알갱이 사이에서 작용하는 힘
- 같은 전기 알갱이끼리는 밀어내고, 다른 전기 알갱이끼리는 끌어당겨.
- 물질을 이루는 원자를 결합시켜 분자를 만들어.

중력

- 질량을 가진 물체 사이에서 서로 끌어당기는 힘
- 일반적으로 중력을 만유인력이라고도 해.
- 중력의 크기는 두 물체의 질량의 곱에 비례하고, 거리의 제곱에 반비례해.

탄성력
- 고무줄이나 용수철처럼 탄성을 가진 물체가 원래대로 돌아가려는 힘
- 물체에 큰 힘을 줄수록 물체의 모양이나 길이가 많이 변하고, 탄성력도 그만큼 커져.

작가의 말

아는 것이 힘이다!

옛날에 제주도 사람들은 '듬돌 들기'로 성년식을 치렀다고 해요. 듬돌이란 무거운 돌이에요. 제주도에서는 사람들이 많이 다니는 마을 길목에 크고 작은 듬돌 여러 개를 놓고 힘겨루기를 했지요. 어느 정도 나이가 차면 제법 무거운 돌을 들고 몇 발자국은 옮길 수 있어야 어른 대접을 받기 시작했다는군요.

듬돌 중에는 웬만한 장사 아니면 들 수 없을 만큼 크고 무거운 것도 있어요. 다른 마을 사람들에게 으스대려는 거였지요. 또 그렇게 해야 마을에 그 듬돌을 들 수 있는 장사가 나타난다고 생각했대요.

옛날 사람들은 농사를 짓거나 사냥을 하며 살았어요. 전쟁이 나면 창이나 칼을 들고 적군과 몸을 부딪치며 싸워야 했지요. 그래서 옛날에는 힘이 세서 일이나 싸움을 잘하는 사람이 영웅이었어요. 하지만 요즘엔 많이 달라졌어요. 여러 기계 장치를 이용해 큰 힘을 낼 수 있잖아요. 또 전쟁에서도 첨단 무기가 승패를 좌우하고 있지요.

물론 옛날 사람 중에서도 몸의 힘은 약했지만 지식의 힘은 강한 사람들이 있었어요. 아르키메데스라는 과학자는 지렛대를 이용해 천하장사도 들지 못하는 무거운 돌을 들어 올릴 수 있었지요. 사실 세상을 움직인 사람은 몸이 아니라 지식의 힘이 강한 사람들이었어요. '아는 것이 힘이다.'라는 말을 생각해 보세요.

힘을 잘 알면 아르키메데스처럼 작은 힘으로 큰 힘을 낼 수 있어요. 또 힘에는 여러 가지 현상을 설명해 주는 원리가 숨어 있기도 해요. 물체가 땅으로 떨어지는 이유, 쇠못이 자석에 달라붙는 이유, 페달을 계속 밟지 않으면 자전거가 저절로 멈추는 이유……. 과학자들은 힘의 원리를 이용해 먼 행성까지 우주 탐사선을 보내기도 하지요. 요즘 같은 세상을 살아가는 데에는 지식의 힘이 더 필요하지요.

지식의 힘을 쌓는 건 귀찮다고요? 사실 그렇기는 해요. 사람들 대부분이 머리를 쓰는 것보다는 몸을 쓰는 것을 더 쉽게 느껴요. 하지만 머리도 몸과 비슷해요. 몸을 많이 움직일수록 운동에 익숙해지듯이 머리를 많이 쓸수록 공부에 익숙해지거든요. 또 신 나게 놀다 보면 몸의 힘이 저절로 생기는 것처럼 재미있는 책을 읽다 보면 지식의 힘도 저절로 쌓일 거예요. 여러분도 힘차게 뛰어놀고 재미있는 과학책도 많이 읽어서, 몸과 지식의 힘을 무럭무럭 키우길 바랄게요.

일러두기

- 맞춤법, 띄어쓰기는 국립국어원에서 펴낸 《표준국어대사전》을 기준으로 삼았습니다.
- 외국 인명, 지명은 국립국어원의 《외래어 표기 용례집》을 따랐습니다. 《외래어 표기 용례집》에 나오지 않는 인명, 지명은 현지음에 가깝게 적었습니다.